鉄道計画は変わる。

路線の「変転」が時代を語る

草町義和
Kusamachi Yoshikazu

交通新聞社新書 064

はじめに

鉄道に関する文章を書いて生計を立てる生活に入ってから、ほぼ10年の歳月が流れた。

私の得意分野は、列車の乗車記と廃線・未成線跡の散策記である。新たに運転を開始した列車に乗って、車内の様子を詳細に観察したり、あるいは全国に残る廃線や未成線（途中で工事が中止されて実現しなかった幻の鉄道）を訪ね、路盤や鉄橋など現地に残された遺構を探し歩く。

最も、自分ではこれが得意分野のつもりでも、実際は資料調査を中心とした記事の執筆が多い。近年は鉄道各社の報道向け発表文（プレスリリース）を参考に記事を書く、いわゆる「リリース起こし」も増えた。

図書館や公文書館などに閉じこもって資料を確認し続け、取材はリリースを出した鉄道会社に電話や電子メールで不明点を問い合わせる程度で、現地を訪れて記事にすることはほとんどない。「現場」を知らずに記事をまとめていることに、後ろめたさを感じることもある。

ただ、資料調査は地味だが、意外と楽しい。調べていくうちに「こんなことがあったのか」等々、今まであまり知られていなかった鉄道の歴史を知ることができる。あるいは、資料に書かれていることに「なぜそうなったのか」という疑問点が生じ、その疑問を解決するために別の資料を当たって「なるほど、そうだったのか」と、新たな発見をすることもある。もしかすると、現地を訪ねるより「新発見」の数が多いかもしれない。

そうした資料調査のなかでも、とくに面白いのが計画変更の経緯だ。

鉄道は長年にわたる調査に基づき建設され、周到な準備によって工事に着手する。それだけに、一度着工したら当初の予定通りに建設され、そして開業するかのように思われがちだ。しかし、実際は工事が始まった後に計画を変更することも多い。また、当初の予定通りに開業しても、その後の社会情勢の変化などで改良され、開業時とは似ても似つかぬ路線になることもある。

こうした計画の変更は、時に複雑な経緯をたどり、沿線住民ですらその歴史を把握している人は少ない。しかし、資料を丹念に見続けることで計画変更の流れが自分の頭の中で体系化され、絡み合っていた糸がほどけていくような、ある種の「爽快感」を味わうことができる。

本書は、私がこれまでに手がけてきた資料調査を基本に、全国各地の鉄道路線における計画変更の歴史をいくつかたどってみたいと思う。なかには経緯が複雑すぎて、文章だけでは理解が難しい路線もあるが、可能な限り図や表を使って分かりやすくしたつもりである。「絡み合っていた糸がほどけていく爽快感」を、皆さんにも感じていただければと思う。

鉄道計画は変わる。——目次

はじめに…………3

第一章　東京〜大宮間鉄道計画の変転

第二章　港北ニュータウンを目指した都営三田線

第三章　複雑怪奇な千葉ニュータウンの鉄道計画の変転

第四章　地下鉄銀座線に乗り入れるはずだった田園都市線

第五章　機種の変更で建設費を減らしたはずの都営大江戸線

第六章　ローカル線から在来線最速幹線に変更された北越急行ほくほく線

第七章「新幹線ではない新幹線」に生まれ変わった奥羽本線

第八章　ローカル線を「改造」した準高速鉄道の湖西線

第九章　ホームの増設と計画変更をひたすら繰り返した東京駅

第一章

東京～大宮間鉄道計画の変転

国鉄・ＪＲの独壇場で二転三転した鉄道計画

千葉は京成電鉄、横浜は京浜急行電鉄（京急）と東京急行電鉄（東急）、八王子は京王電鉄というように、東京の都心部とその衛星都市を結ぶ鉄道は、旧国鉄のＪＲと競合している私鉄路線が多い。ところが、埼玉県さいたま市の商業的な中心地である大宮に関しては、実質ＪＲの独壇場となっている。

東京と大宮を結ぶ私鉄の計画が全くなかったわけではない。たとえば戦前には、関西の私鉄経営に関わっていた起業家らが中心となって東京大宮電気鉄道が計画され、昭和2年（１９２７）には当時の鉄道法規に基づき、現在の山手《やまのて》線巣鴨《すがも》駅から大宮公園までの約23キロメートルを結ぶ鉄道路線の建設が許可されている。しかし、昭和恐慌の影響などもあって、東京大宮電鉄の計画は中止。その一方、当時は今ほど沿線の人口が多くなかった上、東北本線の輸送力増強工事が進んだこともあり、民間企業が東京〜大宮間の鉄道経営に参入する余地はなかった。

ただ、戦後の高度経済成長で輸送量が急激に増加すると、ラッシュ時の混雑も尋常ならざるものとなり、東北本線1本だけでは輸送力が不足するようになった。

こうしたことから埼玉県やバス会社が独自に東北本線のバイパス線を構想したほか、国鉄も貨

東京と埼玉を結ぶ一大通勤路線に成長した埼京線。そこには輸送力増強と建設反対運動のはざまで揺れ動いた「変転」の歴史があった

物線の活用や新幹線の建設を含む大規模な輸送力増強計画を打ち立てた。しかし、沿線の建設反対運動なども影響し、その計画は二転三転することになる。

複々線でも輸送力不足に陥った東北本線の「根元」

東京と埼玉を結ぶ鉄道は明治16年（1883）7月28日、日本初の本格的な私鉄として知られる日本鉄道が上野～熊谷《くまがや》間を開業したのが始まりである。その後、日本鉄道は東北地方を中心に路線の拡大を続けたが、明治後期には「都市間を結ぶ長距離幹線鉄道は国が運営すべき」という鉄道国有論が高まり、日本鉄道も明治39年（1906）に国有化されて国鉄線となった。これを機に東北本線と命名された東京～大宮間の国鉄線は、首都圏の通勤輸送の一翼を担うとともに、東京と青森、新潟などを結ぶ一大幹線の「根元」として成長していった。

現在の赤羽駅（東京都北区）から大宮駅（さいたま市大宮区）にかけての鉄道路線。JRの新幹線（太い線）と在来線（細い線）が東京と大宮を結んでいるが、私鉄や地下鉄（点線）は少ない

日本鉄道として開業した時点では線路が1本だけの単線だったが、東京〜大宮間は「根元」だけに輸送量も非常に多く、線路をもう1本増設して2本とし、上り列車が走る線路と下り列車が走る線路を分けた複線化が比較的早い時期に行われた。さらに、昭和初期には複線をもう1組増設した複々線化も図られており、旅客列車用の線路（旅客線）と貨物列車用の線路（貨物線）を分離している。

しかし、戦後の1960年代に入って高度経済成長が進むと、輸送力は複々線でも不足がちになった。旅客線は東北・上信越方面に向かう長距離運転の特急・急行列車と、宇都宮方面や高崎方面に向かう中距離運転の普通電車（中電）、そして大船《おおふな》〜東京〜大宮間の短距離通勤輸送を担う京浜東北線電車の3系統が集中し、さらなる線路の増設が必要となったのである。

埼玉県や国際興業が考えた鉄道構想は頓挫

政府は昭和20年代後半から首都圏の通勤路線の増強を考えるようになり、具体的な構想も語られるようになった。まず昭和31年（１９５６）８月14日、運輸大臣（現在の国土交通大臣）の諮問機関である都市交通審議会が、東京都心における地下鉄整備の基本計画（第1号答申）を策定。続いて昭和32年（１９５７）６月17日には、建設省（現在の国土交通省）も地下鉄の整備計画を告示した。この答申や告示では、現在の東京メトロ東西線に相当する5号線と、5号線の中間地点にある大手町から北西方向に進み下板橋《しもいたばし》に至る分岐線の建設が考えられた。

そこで埼玉県は、この分岐線を都県境の荒川にかかる戸田橋まで延伸することを要望。ここから大宮市（現・さいたま市大宮区）に延びる路線を構想し、東北本線の混雑を緩和するための県営鉄道を整備しようと考えた。しかし、当時の埼玉県には独自に鉄道を建設する余裕はなく、接続先となる東京の地下鉄計画も流動的だったことから、具体化は進まなかった。

昭和35年（１９６０）には、埼玉県で路線バス事業を展開している国際興業が東京～大宮間の鉄道建設を考えるようになった。池袋駅の西口から北上して東北本線の西側を進み、大宮駅の西口に至るルートが考えられていたようで、これは現在の埼京線とよく似たルートだ。昭和36年

南与野駅前で乗客を待つ国際興業のバス。かつては国際興業も池袋〜大宮間を結ぶ鉄道を計画したことがあったが、実現しなかった

（１９６１）１月には、同社が建設に向けた手続きを進めていると報じられたが、これも資金調達の難しさから頓挫してしまった。

昭和40年代に入ると、今度は現在の都営地下鉄三田《みた》線に相当する路線を埼玉県内に延伸することが考えられるようになった。昭和47年（１９７２）３月１日、都市交通審議会は再び首都圏の鉄道整備に関する基本計画（第15号答申）を策定。大宮市西部から浦和市西部、戸田市西部、高島平《たかしまだいら》、三田、白金高輪《しろかねたかなわ》を経て横浜市内の港北《こうほく》ニュータウンに至る６号線を建設するものとした。都営三田線はこの答申に基づき順次延伸され、昭和51年（１９７６）までに都内の三田〜西高島平間が開業している。

しかし、埼玉県内に入る区間は、次に述べる通勤別線の計画が浮上したこともあり、具体化は進まなかった。都市交通審議会を発展的に解消する形で設置された運輸政策審議会は昭和60年（1985）7月11日、首都圏の鉄道整備基本計画を再び答申したが、6号線の埼玉延伸区間は削除されている。

貨物線の活用で通勤輸送を強化

埼玉県などが独自に鉄道路線の整備を検討していた頃、国鉄も手をこまねいていたわけではない。東北本線の輸送力増強を計画し、線路の増設を行っている。

昭和43年（1968）には、赤羽《あかばね》～大宮間に旅客列車用の複線をもう1組増設している。これにより東北本線大宮以南の線路は、中電・特急・急行が走る中長距離旅客列車用の複線、京浜東北線電車が走る短距離通勤列車用の複線、そして貨物列車が走る複線の3複線になった。

しかし、この線路増設の間も高度経済成長に伴う利用者の増加が続き、3複線をもってしても混雑の大幅な緩和にはならなかった。そこで国鉄は昭和46年（1971）頃から、貨物線を活用した輸送力のさらなる増強を考えるようになった。

ちょうどこの頃、首都圏の外縁部を結ぶ外環《そと》状線として武蔵野線などの建設が進められており、東京を通過するだけの貨物列車は武蔵野線経由に切り替えて運行することが考えられていた。貨物列車の一部が武蔵野線経由に変更されれば、東北本線の貨物線も輸送力に余裕ができ、列車の増発が可能になる。この余裕を活用する形で貨物線を通勤線に転用し、通勤列車の運行本数を増やして混雑の緩和を目指すことにした。

東北・上越新幹線は地下トンネルで建設

一方、政府は新幹線による全国的な高速交通網の構築を構想し、昭和46年（1971）4月には東北新幹線（東京都〜盛岡市）と上越新幹線（東京都〜新潟市）の整備計画が決まった。新幹線が開業すれば、特急・急行列車が新幹線の列車に生まれ変わる形で廃止されるから、中長距離旅客列車用の線路にも余裕ができ、やはり中電の増発による混雑緩和が可能になる。

この頃の構想では、東北新幹線の東京都心ターミナルは東京駅、上越新幹線のターミナルは新宿駅に設置することが考えられていた。ただ、新幹線の開業時点ではターミナルを分散するほどの輸送量はないとされ、当面は東北新幹線のターミナルのみ東京駅に設置し、上越新幹線は大宮駅から東北新幹線に乗り入れて東京駅に発着することになった。この方針に基づき、東北新幹線東京〜盛岡間と上越新幹線大宮〜新潟間の工事実施計画が認可された。

当初の工事計画によると、東京駅から秋葉原《あきはばら》駅付近までは、東北本線の回送列車が走る線路の敷地に東北新幹線の高架橋を建設することにしたが、これでは回送線が消滅してしまうため、下

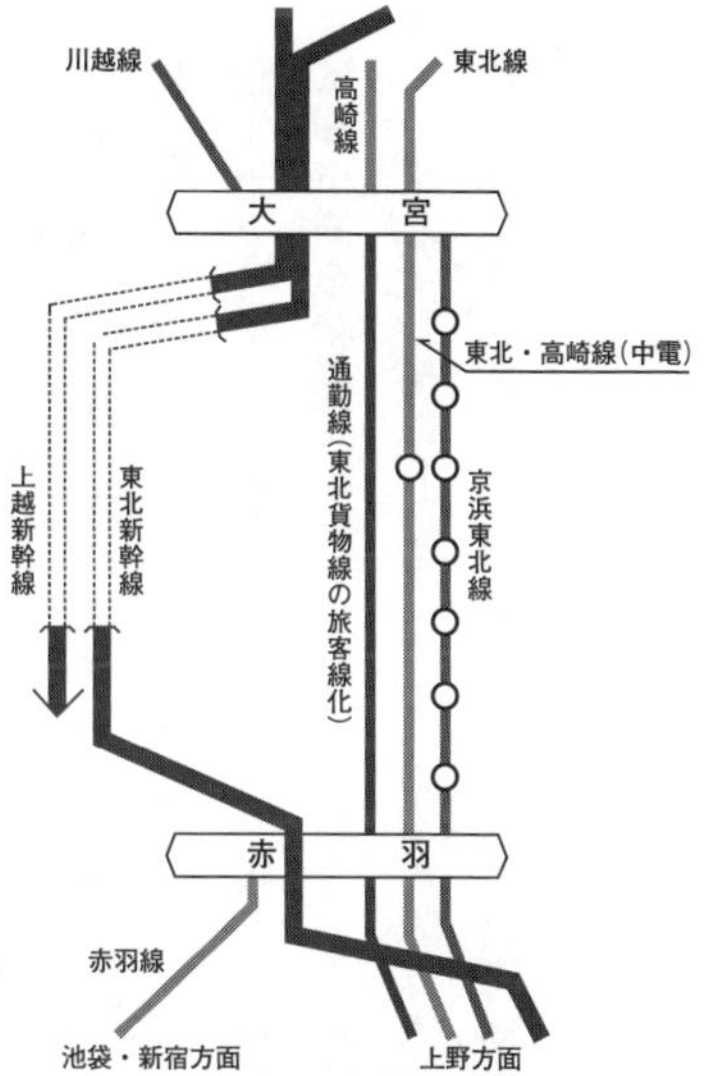

東北・上越新幹線の構想が持ち上がった頃に考えられていた赤羽～大宮間の路線配置（旧計画）。東北・上越新幹線を地下トンネルで並べ、東北新幹線は東京駅、上越新幹線は新宿駅にターミナルを設ける予定だった

層に新幹線の線路、上層に回送線の線路を設けた2層高架橋を建設することにした。秋葉原駅付近からはトンネルで上野公園の真下を通り、田端《たばた》駅付近からは再び高架となって東北本線の線路に並走。赤羽駅付近から大宮駅までは、東北本線の線路から西へ数キロメートル離れたところを走り、このうち戸田市本町《ほんちょう》（現在の戸田公園駅付近）から大宮駅の少し手前までは、全長1万6000メートルの地下トンネル（南埼玉トンネル）を建設するものとした。

なお、当面は東北新幹線に乗り入れることになった上越新幹線は、この時点では新宿～大宮間の工事実施計画が作成されておらず、詳細なルートも正式には決められていない。ただ、新宿駅から赤羽駅付近までは現在の山手線や埼京線の真下に地下トンネルを設け、赤羽駅から先も南埼玉トンネルに並行して地下トンネルを建設することが想定されていたようだ。

新幹線の高架変更で騒音対策が必要に

こうして東京と大宮を結ぶ鉄道は、最終的には（1）東北新幹線用の複線、（2）上越新幹線用の複線、（3）東北本線の中長距離旅客列車用の複線、（4）東北本線の貨物列車用の線路を活用した通勤線、（5）京浜東北線電車の複線の5複線10線とし、増え続ける膨大な輸送量に対応することになった。そして昭和46年（1971）11月28日には東北新幹線が着工した。

しかし、地下方式で建設する予定だった東北新幹線の大宮以南は、すぐに修正を余儀なくされる。この頃、埼玉県南部の地盤沈下が最悪のペースで進んでおり、南埼玉トンネルの建設は技術的に困難であると考えられたのである。

地下トンネルが無理なら地上に高架橋を建設するしかないが、これには別の問題がある。新幹線は都市間を結ぶ長距離列車しか走らない鉄道路線だから、在来線に比べると駅の数が極端に少なく、東北新幹線にしても東京駅の次の駅は大宮駅になる予定になっていた。しかも、新幹線は時速200キロメートル以上という超高速運転を行うため、空力音《くうりきおん》などによる騒音がどうしても大きくなってしまう。

つまり、東京～大宮間の新幹線予定ルートの沿線に住んでいる住民にとっては、近くに新幹線の駅ができるわけではない（＝交通が便利になるわけではない）のに、その騒音は甘受しなければならないというわけだ。しかも、沿線人口が少ない場所ならともかく、東京〜大宮間は人口の集中が進んでおり、沿線住民の理解を得るのは容易ではない。

実際、最初から高架橋での建設が予定されていた戸田市付近では、東北新幹線の着工当初から建設反対運動が巻き起こっていた。この上、高架橋による建設区間を長くすれば、反対運動が激化するのは必至。下手をすれば建設自体が不可能になってしまう。

そこで国鉄は沿線住民への「見返り」を含む新計画を取りまとめ、昭和48年（1973）3月10日に提示した。

新幹線と貨物線旅客化を入れ替えて「見返り」を生み出す

新計画では、最終的に整備する線路の数に変更はない。新幹線の複線を東北新幹線と上越新幹線の2組、在来線の複線を3組とする点も旧計画と同じだ。その一方、新幹線と在来線の配置を変更することで、新幹線沿線住民への「見返り」を生み出している。

新幹線は新宿乗り入れの上越新幹線に相当する「新幹線A」と、東京駅乗り入れの東北新幹線に相当する「新幹線B」の2ルートとし、このうち「新幹線B」は地下トンネルで計画されていた東北新幹線とほぼ同じルートで高架橋を建設。これに対して「新幹線A」は、東北本線の貨物列車用の線路敷地を転用し、高架橋を建設することが想定された。

一方、旧計画で貨物列車用の複線を活用することになっていた通勤線は「通勤別線」と名を変え、「新幹線B」の高架橋に併設するルートとした。通勤別線の運行方式は未確定としつつ概略を示しており、快速電車と各駅停車を設定。快速電車は高崎線の中電を通勤別線経由で運転し、各駅停車は池袋から赤羽線（現在の埼《さい》京《きょう》線池袋～赤羽間）、通勤別線を経由して川越《かわごえ》線か高崎線に直通させることが考えられた。

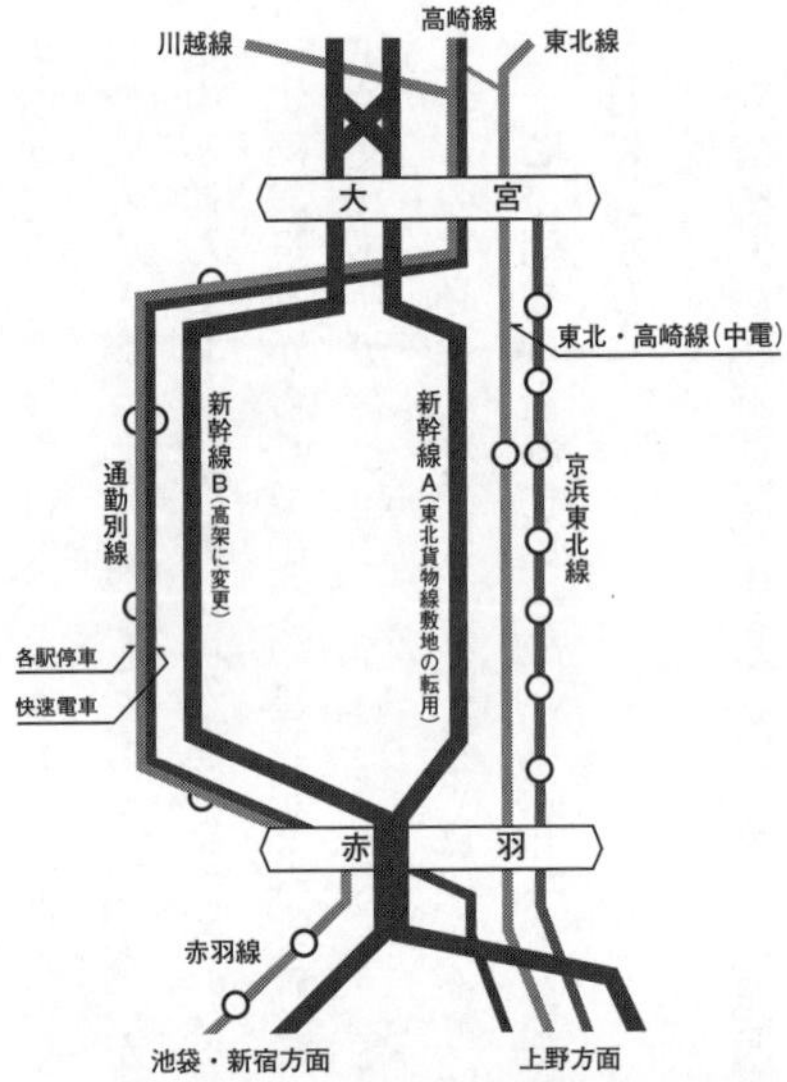

昭和48年（1973）に考えられた東京～大宮間の路線配置の新計画。新幹線を地下方式から高架方式に変えるとともに、新幹線と在来線を一部入れ替えた

こうして文章にしてみると、なかなか複雑な変更のように思えるが、要は上越新幹線の想定ルートと、貨物線の活用が考えられていた通勤線のルートを入れ替えただけに過ぎない。しかし、この入れ替えによって、本来は新幹線

が通過するだけの予定だった地域に通勤路線が整備されることになる。国鉄はこれを沿線住民への「見返り」としたのである。

なお、新宿駅に乗り入れる「新幹線A」と東京駅に乗り入れる「新幹線B」は、この入れ替えによって赤羽駅付近で交差することになる。そのまま建設すれば大規模な立体交差となり、建設費がかさむことだろう。実際は「新幹線B」を東北新幹線として先に建設し、続いて「新幹線A」が完成した時点で東北新幹線の走行線路を「新幹線A」に移し、それによって空いた「新幹線B」を上越新幹線に転用することになったのではないだろうか。これなら立体交差は発生しない。

「見返り」示しても反対運動は激化

国鉄は計画の変更によって、新幹線予定ルートの近隣住民に対する「見返り」を生み出したが、それでも沿線自治体や住民の理解を得ることができなかった。新計画の提示から2カ月後の昭和48年（1973）5月には、戸田市だけでなく浦和市（現在のさいたま市南区、桜区）や与野《よの》市（現・さいたま市中央区）でも反対運動団体が結成され、新幹線の建設反対運動はむしろ拡大していったのである。当時の畑和《はたやわら》・埼玉県知事も、通勤別線の併設には一定の評価を示しつつ、引き続き新幹線の全面地下方式での建設を求めた。

しかも、反対運動が巻き起こったのは埼玉県内だけではなかった。東京都内では神田《かんだ》駅付近や北区、板橋区で反対運動が盛り上がり、東京都の美濃部《みのべ》亮吉《りょうきち》知事も、不忍池《しのばずのいけ》の水枯れを懸念して上野公園の地下ルート建設に難色を示していた。このため、大宮以南は東京駅を除くほぼ全域で工事に着手できず、上越新幹線の新宿乗り入れに至っては、具体的な計画を立てることすらできなかった。

結局、国鉄は東北新幹線東京〜盛岡間の一括開業を断念し、昭和57年（1982）6月23日に東北新幹線大宮〜盛岡間、同年11月15日に上越新幹線大宮〜新潟間がそれぞれ開業。上野〜大宮間は東北本線の中長距離旅客列車用の線路に新幹線との接続列車「新幹線リレー号」を走らせて、当座をしのぐ羽目になった。

上野駅や緩衝地帯の設置で沿線の理解を得る

ただ、大宮以南の自治体は、昭和50年代に入ると次第に態度を軟化させていった。東京都内では、台東区が上野駅への新幹線駅設置を当初から要望しており、国鉄としても東海道新幹線の輸送力不足を補う必要があったことから、ルートを一部変更して上野駅の地下に東北新幹線用のサブターミナルを設置する計画を打ち立て、昭和52年（1977）12月12日に認可された。

東海道新幹線の輸送力不足と東北新幹線上野駅の設置は何の関係もないように思えるが、上野に新幹線ホームを設置して一部の列車を上野発着とすれば、東京駅のホームに余裕が生まれる。つまり、本来は東北新幹線に回す予定だったホームを東海道新幹線に回すことも可能になり、東海道新幹線の列車本数を増やせるというわけだ。また、上野駅の地下を通るルートに変更することで上野公園が新幹線のルートから外れ、美濃部知事が懸念していた不忍池の水枯れの可能性も解消された。

これと前後して他の地域でも動きがあり、埼玉県では昭和52年（1977）12月16日、畑知事が国鉄と話し合う最低条件として「通勤別線の建設」「環境基準の完全な達成」「大宮駅の全列車停車」などを提示。昭和54年（1979）12月には、戸田、浦和、与野の県南各市議会も通勤別線の併設や環境保全の実施などを条件に、新幹線建設の容認を決議した。翌昭和53年（1978）5月には、東京都の北区も条件付きながら新幹線の建設に同意している。

埼玉県内で建設の条件とされた環境保全については、「緩衝地帯」を設けることで対応することになった。高架橋の両側に一定の幅の敷地を確保して新幹線の線路と住宅地を遠ざけ、結果的に騒音や振動を緩和するというものである。こうして国鉄は新計画をベースとした手続きに入り、昭和53年（1978）12月16日に東北新幹線赤羽駅付近〜荒川付近の高架化と通勤別線赤羽〜大宮〜宮原《みやはら》間の建設が認可。続いて昭和55年（1980）1月25日には、東北新幹線荒川付近〜大宮間の高架化も認可された。

通勤別線の区間が赤羽〜大宮間ではなく一つ先の高崎線宮原駅までとされたのは、既に述べている通り高崎線への乗り入れが考えられていたためだ。通勤別線の大宮駅ホームは既設の地上ホームではなく地下にホームを設置することになったため、地下ホームから地上に出て宮原駅までをつなぐ線路の建設も必要だった。

「線形上の制約」で減速運転を実施へ

住民による反対運動はその後もしばらく続いたが、住民側でも通勤別線の建設や環境対策の実施などを条件に新幹線の建設を受け入れる声が強くなっていった。

昭和57年（1982）11月25日、新幹線ルートの直上に校舎敷地を有する北区赤羽台の学校法人星美《せいび》学園との間で和解が成立し、昭和58年（1983）11月25日には、埼玉県南3市の住民が計画の取り消しを求めた行政訴訟が却下されている。そして昭和59年（1984）10月3日には北区住民との和解が成立し、東北新幹線大宮以南と通勤別線の工事が本格化していった。

北区住民との和解事項によると、「騒音については、70ホン（注）以下（環境基準値75ホン地区につい

現在は1面2線の埼京線ホームと東北新幹線の高架線路の2層高架となっている赤羽駅。新計画では島式2面4線の通勤別線ホームを設け、その上に東北・上越新幹線の線路を設けるものとしていた

ては75ホン以下）とする」「振動については、70デシベル以下とする」「列車速度については、北区内においては線形上の制約により低速区間（時速110キロメートル以下）とする」などを建設受け入れの条件としている。このなかで興味深いのは、運転速度を時速110キロメートル以下とした理由が騒音の軽減ではなく、「線形上の制約」としていることである。騒音の軽減を理由に減速運転を実施すると、東海道新幹線などほかの路線でも減速を求める運動が活発化してしまう恐れがあるので、別の理由を持ち出したのであろう。

なお、新幹線と在来線の2層高架での建設が計画されていた東北新幹線の神田駅付近は、回送線部分の建設を中止し、新幹線単独の高架橋とすることで地元住民と合意している。しかし、神田駅

赤羽～大宮間の貨物線は、新計画では新幹線の建設用地に転用することが想定されていたが、結局は旧計画と同じ通勤線に転用。現在は湘南新宿ラインなどが運行されている

埼京線の横を新幹線の列車が通り過ぎる。騒音を懸念する沿線住民への「見返り」として、新幹線併設の通勤路線が生まれた

付近を含む東京〜上野間は国鉄の経営悪化の影響で工事が凍結され、東北新幹線の工事は当面、上野〜大宮間に絞られることになった。

(注)▼かつては騒音レベルを示すホンと振動レベルを示すデシベルが別に用いられていたが、平成9年(1997)にデシベルへ統一された。

高崎線乗り入れの中止と川越線の電化

東北新幹線上野〜大宮間と通勤別線赤羽〜宮原間は、昭和60年(1985)3月の同時開業を目指して工事が進められていったが、この頃、通勤別線の建設に対応するための車両基地の問題が浮上した。

線路の増設によって列車の運転本数が増えるなら、列車を運転するために必要となる車両の数も増え、それを留置するための車両基地も新たに整備しなければならない。当初は通勤別線内に車両基地を設置する予定だったが、線内に車両基地の建設用地を確保することができず、周辺の鉄道路線に建設用地を急遽確保しなければならなくなったのである。

まず考えられたのは高崎線内の設置だったが、こちらも線路の近くに車両基地の用地を確保することが難しく、最終的には建設用地の確保が比較的容易であること、昭和48年(1973)の

高崎線の代わりに通勤別線（埼京線）の乗り入れ先になった川越線。かつてはディーゼルカーが行き交う非電化のローカル線でしかなかったが、埼京線の乗り入れに伴い電化され、今や大都市通勤鉄道の装いだ

新計画で通勤別線からの乗り入れが想定されていたこと、さらに通勤別線との直通化によって輸送需要の増加が見込まれることなどから、川越線の指扇《さしおうぎ》～南古谷《みなみふるや》間に車両基地を設置することになった。

当時の川越線は電化されておらず、ディーゼルエンジンを搭載した気動車が走るだけの、いわば「都会のローカル線」。それ故に沿線の人口もさほど多くなく、車両基地の敷地を確保するのも比較的容易だった。その一方、通勤別線は電気で動く電車を走らせる計画だったから、気動車しか走らない非電化線の川越線にそのまま乗り入れることはできない。このため車両基地の建設と同時に川越線の電化も実施されることになり、昭和59年（1984）3月に電化計画と車両基地建設計画などが認可された。

これにより、高崎線中電の乗り入れが車両運用の上で難しくなることから、高崎線と通勤別線の接続部となる大宮～宮原間の工事は中止。高崎線中電の乗り入れとする予定だった快速電車も各駅停車と同じ区間、つまり川越線乗り入れで運転することになった。この計画変更などで、通勤別線と東北新幹線の同時開業が難しくなり、まず東北新幹線上野～大宮間が昭和60年（１９８５）３月14日に開業。通勤別線の開業は半年後にずれ込んだ。

東北本線の貨物線は旧計画に戻って旅客化

昭和60年（１９８５）９月30日、新計画の提示から12年もの時を経て、通勤別線赤羽～大宮間18キロメートルがようやく開業した。法手続き上の正式な名称は東北本線（バイパス線）とされたが、案内上は赤羽線を含む池袋～大宮間が「埼京線」とされ、車両基地が設置された川越線にも乗り入れて池袋～川越間の直通運転が開始された。

その後、埼京線電車は山手線に併設されている貨物線にも乗り入れるようになり、昭和61年（１９８６）３月３日に新宿～池袋間、平成８年（１９９６）３月16日に恵比寿～新宿間でそれぞれ運転を開始した。平成14年（２００２）12月１日には、東京臨海高速鉄道臨海副都心線（りん

通勤別線（埼京線）は当初、高崎線との直通運転を主体に考えられていた。このため、高崎線の大宮〜宮原間の線路脇には、埼京線の大宮駅地下ホームと地上の宮原駅を結ぶための接続線用地が確保された

かい線）の全線開業にあわせて運転区間を大崎まで延ばし、同時にりんかい線との相互直通運転を開始。これにより、埼玉の中心部から東京の中心部を経て臨海副都心に至る、一大通勤路線ができあがった。

しかし、それ故に利便性が非常に良く、埼京線は開業当初から混雑率が200パーセントを超える人気路線となった。このため、混雑緩和を目的としていたはずの埼京線が、逆に混雑緩和を迫られることになってしまったのである。

そこでJR東日本は、東北本線と山手線に併設されている貨物線のさらなる活用を計画。昭和63年（1988）3月13日のダイヤ改正で、東北本線（宇都宮線）と高崎線の中電の一部を貨物線に乗り入れさせて池袋発着とし、さらに平成13年（2001）12月1日ダイヤ改正では「湘南新宿ライン」として東北本線（宇都宮線）・高崎線〜東海道線・横須賀線の直通運転を開始している。新計画で上越新幹線の新宿乗り入れ用の敷地として想定されていた東北本線の貨物線は、結果的には旧計画に立ち戻り、旅客線として活用されたことになる。

なお、東北新幹線東京〜上野間の工事は国鉄の分割民営化後に再開され、平成3年（1991）6月20日に開業。神田駅付近は周辺住民との合意に基づき新幹線の単独高架として建設されている。しかし、この高架橋は将来の2層高架化を前提とした設計のまま建設されており、平成20年（2008）には東海道本線と東北本線を接続する東北縦貫線（上野東京ライン）が、新幹線の直上に併設する方式で着工した。現在は平成26年度末（2014）の運転開始を予定している。

最後に残った上越新幹線新宿乗り入れはどうなる？

現在の東京〜大宮間は、複線の東北新幹線と、埼京線を含む実質4複線の東北本線によって構成され、線路の数に関しては当初の計画をほぼ実現したといえる。しかし、上越新幹線の新宿乗り入れだけは、依然として実現していない。

北陸新幹線高崎〜長野間（長野新幹線）が着工した当時、東京駅ホームの不足が懸念されたため新宿への分岐線建設も検討されたが、結局は建設費がネックとなり、東京駅のホーム増設で対

新宿駅南東側のタカシマヤタイムズスクエアの真下に、新幹線ホームの建設スペースが確保されているといわれているが、実現する日は来るのだろうか

応している。

最近も北陸新幹線の金沢延伸や、北海道新幹線の新函館開業によるホーム不足の懸念から新宿延伸構想が一部で語られているが、これも具体的なめどは立っていない。JR東日本は、とりあえず繁忙期を中心に一部の列車を大宮発着とすることを考えているようだ。

仮に建設するとした場合、どのルートで建設するのかも問題となる。東京都内の新宿〜池袋間は山手線の地下、新宿駅ホームはタカシマヤタイムズスクエアの地下に建設スペースが確保されているといわれているが、埼玉県内の区間で「新幹線A」の建設用地とされた東北本線の貨物線は、先に述べた通り湘南新宿ラインが運転されており、このルートでの建設はもはや難しい。

一方、「東北新幹線の緩衝地帯は、実は上越新幹線の建設用地として確保されたものである」とのうわさ話も聞かれるが、この用地を買収した経緯を考えると、少なくとも買収の時点で上越新幹線の建設を想定していたとは思えないし、国鉄やJR東日本が公式にそのような考えを発表したこともない。今後の社会情勢の変化で緩衝地帯の用途を「変更」することはありうるかもしれないが、その場合は沿線の自治体や住民との合意事項を変更することになるわけで、粘り強い交渉が必要になるだろう。

また、南埼玉トンネルの建設を断念した当時と比べれば土木技術が向上していることを考えると、地下方式での建設も考えられる。最近の新宿延伸構想も大深度地下での建設が想定されているようだが、やはり多大な建設費がネックになりそうだ。

もっとも、中央新幹線の着工が決まった現在、上越新幹線を新宿駅に乗り入れさせる必要はないかもしれない。というのも、中央新幹線が開業すれば東海道新幹線の利用者の多くが中央新幹線に移り、その輸送力に余裕が生まれるからだ。

輸送力に余裕が生まれれば、これまで東海道新幹線で使用してきた東京駅のホームを東北新幹線や上越新幹線などに回すことで発着本数を増やすことも可能になる。これなら北海道新幹線や北陸新幹線にも対応できるだろう。

最終的に上越新幹線がどうなるのか。それを知るためには、もう少し齢《よわい》を重ねる必要がありそうだ。

第二章

港北ニュータウンを目指した都営三田線

運輸大臣の諮問機関が取りまとめた鉄道整備計画

第一章では「都市交通審議会」という名の審議会が存在していたことを記した。都市交通審議会とは、大都市圏の鉄道をどこに、どのような形態で、いつ頃までに整備するかといった基本的な考えを検討し、取りまとめることを目的とした審議会で、昭和30年（１９５５）に運輸大臣の諮問機関として設置された。

終戦直後の東京では、都心部に5本の地下鉄を整備する計画が国によって立てられたが、その一方で山手線の主要ターミナルから郊外に延びる鉄道路線を経営していた私鉄各社も、都心乗り入れの鉄道路線を独自に整備する計画を打ち立てていた。これに対し、戦前の東京市時代から公営地下鉄の整備・運営を構想していた東京都や、現在の銀座線を運営していた半官半民組織の帝都高速度交通営団（営団地下鉄、現在の東京地下鉄）は、私鉄各社の計画に強く反発。この影響で東京都心部における鉄道整備計画の取りまとめが停滞してし

現在の港北ニュータウンとその周辺の鉄道路線。港北ニュータウンには横浜市営地下鉄が2本乗り入れているが、東京に直結する路線は存在しない

都営三田線の電車。現在は写真の東急目黒線に乗り入れて日吉駅まで運転されているが、当初の計画通りに話が進んでいたら東急には乗り入れず港北ニュータウンに乗り入れていたかもしれない

まった。このため、実質的には対立する関係各所の調整機関として都市交通審議会が設置されたのである。

都市交通審議会は翌昭和31年（1956）、最初の基本計画となる第1号答申を策定した。この答申では、整備の目標年次を昭和50年（1975）とし、東京都心部に地下鉄1～5号線を建設すること、地下鉄の経営は既存の営団地下鉄のほか東京都も行うこと、私鉄各社は地下鉄との相互直通運転によって都心部に乗り入れることなどを盛り込んだ。

都市交通審議会は、その後も大阪や名古屋の鉄道整備に関する基本計画を答申し、大都市圏の鉄道は都市交通審議会の答申をベースに建設が進められることになった。

高度経済成長に伴い基本計画を何度も改定

ただ、都市交通審議会が取りまとめた各地の鉄道整備基本計画は、一度出したらそれで終わり、というわけにはいかなかった。経済成長とともに鉄道の輸送量も基本計画の想定以上に増加し、当初の計画通りに鉄道を整備しただけでは輸送力が足りなくなることが懸念されたのである。このため、都市交通審議会による鉄道整備基本計画の策定はその後も続いた。

首都圏においては、第1号答申よりも地下鉄の建設路線を増やした昭和37年（1962）の第6号答申、横浜圏の鉄道整備計画を取りまとめた昭和41年（1966）の第9号答申、輸送量の急増に伴う緊急整備路線を盛り込んだ昭和43年（1968）の第10号答申、そして東京だけでなく横浜や千葉、埼玉を含む首都圏全域の鉄道整備計画をまとめた昭和47年（1972）の第15号答申と、わずか数年の間隔で鉄道整備の基本計画が改定されていった。

これらの答申では単に整備路線を増やすだけではなく、交通流動や時代の変化に応じてルートを変更したり、場合によっては整備路線の計画そのものを削除して代替となる路線を新たに盛り込むこともあった。第一章で少し触れた現在の都営三田線の北側区間にしても、昭和37年（1962）の第6号答申では、途中で二手に分かれて志村《しむら》（現在の高島平）と上板橋《かみいたばし》（東武東上《とうじょう》線に接続）を終点とすることが考えられていたが、昭和43年（1968）の第10号答申では二手に分かれず現在の東上線和光市《わこうし》駅を終点とする計画に変更。さらに昭和47年（1972）の第15号答申では、東上線への接続を取りやめて埼玉県の大宮市（現在のさいたま市大宮区）西部まで延伸する計画に再度変更され、後に延伸計画自体が消滅している。

都営三田線のルートが何度も変更されたのは北側だけではなく、南側の区間も同じだった。今でこそ山手線の目黒駅を終点としている都営三田線だが、かつてはさらに線路を延ばし、横浜市北部に造成されたニュータウン「港北ニュータウン」と東京都心部を結ぶニュータウンアクセス鉄道として整備することが考えられていた。

東京直結鉄道が存在しない横浜のニュータウン

首都圏のニュータウンといえば、多摩・千葉・港北の3地区がよく知られているが、多摩と千葉には東京都心に直通するアクセス鉄道が整備されているのに対し、港北ニュータウンには東京都心に直結する直通鉄道が存在しない。

現在、港北ニュータウンから東京方面へ向かうには、横浜市営地下鉄のブルーラインかグリーンラインを利用して、東京急行電鉄（東急）の田園都市線や東横《とうよこ》線に乗り換えなければならないが、かつては港北ニュータウンにも東京直結鉄道を整備する構想が存在した。

高度経済成長のまっただ中にあった昭和40年（1965）10月、後に横浜市の「六大事業」と呼ばれることになるプロジェクトの一つとして、現在の都筑《つづき》区に広がる丘陵地帯に港北ニュータウンを整備することが決まった。これに伴い、横浜市が構想していた市営地下鉄も、荏田《えだ》付近〜鶴見付近間の約17キロメートルと、綱島《つなしま》付近〜新横浜駅付近〜横浜駅付近〜桜木町・関内《かんない》付近〜戸塚付近〜長後《ちょうご》駅付近間の約32キロメートルを建設する計画に改められ、このうち前者の路線を港北ニュータウンのアクセス路線とすることが考えられた。

その後、都市交通審議会が横浜の鉄道計画も検討することになり、昭和41年（1966）7月に第9号答申を策定。横浜市を中心とした地域に横浜1〜4号線を設定し、整備区間は横浜1号線＝六会《むつあい》付近〜戸塚〜関内間、横浜2号線＝屏風浦《びょうぶがうら》〜神奈川新町《しんまち》間、横浜3号線＝本牧《ほんもく》〜関内〜横浜駅〜新横浜駅〜勝田間、横浜4号線＝鶴見〜勝田付近〜元石川（現在のあざみ野）間とした。

このうち横浜1・3号線が現在のブルーラインになるが、第9号答申では港北ニュータウン内を終点とし、東急田園都市線には接続しない。逆に現在のグリーンラインに相当する横浜4号線は、国鉄（現在のＪＲ）横浜線ではなく田園都市線に接続するルートを採用することになっていた。

これにより港北ニュータウンは、横浜3号線によって横浜の在来都心部に直結し、横浜4号線

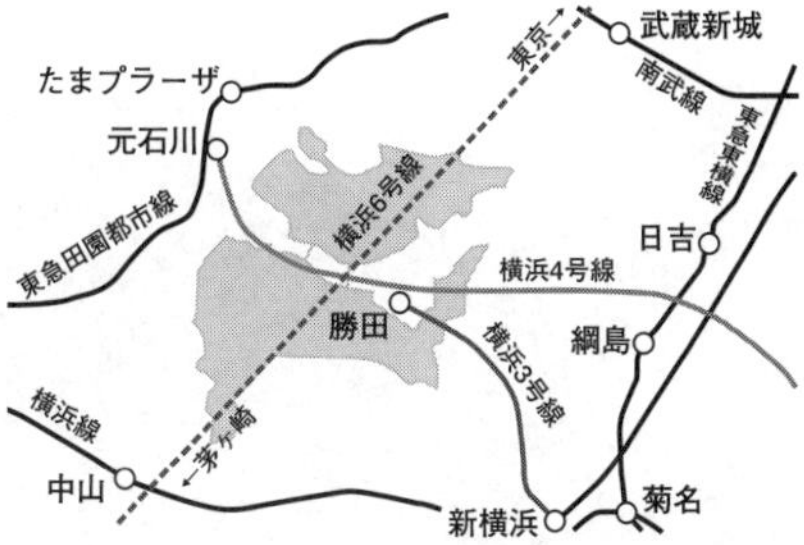

昭和41年（1966）の都市交通審議会第9号答申による港北ニュータウン関係の計画図。横浜3・4号線（現在のブルーライン・グリーンラインに相当）のほか、東京～茅ケ崎間を港北ニュータウン経由で直結する横浜6号線も盛り込まれていた

は港北ニュータウンを東西に横断することによって、東京都心部へのアクセス路線となる京浜東北線と東急田園都市線に連絡する形とした。

さらに第9号答申は、茅ケ崎《ちがさき》から東京方面に延びる横浜6号線を検討路線として盛り込んだ。これは東海道本線の混雑緩和などを目的とした路線として設定したもの。詳細なルートはこの時点では深く検討されていたわけではなく、答申の路線図でも茅ケ崎から北東（東京都心方向）に延びる点線が一直線に描かれていただけだったが、港北ニュータウンの造成が想定される地域をかすめていた。

2つの6号線を「合体」させた東京直結鉄道

第9号答申は港北ニュータウンの造成計画がまとまっていない段階でまとめられたため、横浜市や日本住宅公団（現在の都市再生機構）は、鉄道を含むニュータウン内の詳細な配置計画を引き続き検討した。

ニュータウンの開発区域は、鶴見川支流の早渕川《はやぶちがわ》をはさむ南北両側の丘陵地帯とし、この一帯に小規模な中心地を複数設けて格子状の街路で結ぶ「多核センター案」、あるいは南北両側の丘陵が近接する部分に大規模な中心地を設け、区域内の各地区を放射状街路で結んだ「ワンセンター案」などを検討。最終的には、北側丘陵地帯（第1地区）と南側丘陵地帯（第2地区）にそれぞれ中規模の中心地を設け、格子状と放射状の街路の組み合わせで各地区を結ぶものとした。

港北ニュータウンでは造成に際し、6号線を通すための敷地が随所に確保されていた。写真はセンター北駅の北東側にあった6号線の建設用地。平成13年（2001）の時点では空き地だった

　住宅公団はこのプランをベースに交通計画を策定。これと前後して都市交通審議会も横浜地区を含む東京圏全体の鉄道整備計画を立案し、昭和47年（1972）3月に第15号答申として取りまとめた。この第15号答申では、旧答申で和光市～三田～泉岳寺《せんがくじ》～五反田《ごたんだ》～桐ヶ谷《きりがや》（東急池上《いけがみ》線の大崎広小路～戸越銀座《とごしぎんざ》間にあった駅。現在は廃止）間とされていた東京6号線、つまり現在の都営三田線に相当する計画区間のうち三田～桐ヶ谷間の計画を中止し、三田～白

金高輪～港北ニュータウン間への延伸に変更している。

つまり、旧答申で取り上げられていた東京の6号線と、第9号答申で盛り込まれた横浜6号線を「合体」させ、新・東京6号線にしたものといえる。こうして港北ニュータウンと東京都心部を直結する鉄道は、現在の都営三田線の延伸部として建設することになったのである。

目黒通りルートが想定されていた都営三田線の延伸部

一方、昭和47年（1972）までに住宅公団などがまとめた港北ニュータウンの交通計画によると、横浜3号線は新横浜方面から第2地区の東側に入り、第2地区中心地と第1地区中心地を経て田園都市線のたまプラーザ駅に連絡（後にあざみ野駅連絡に変更）。横浜4号線は鶴見方面から第1地区の東側に入り、第1地区中心地を経て第2地区中心地を終点とする計画だった。

これに対して第15号答申では、東京6号線の白金高輪～港北ニュータウン間の経由地を保留としていたが、住宅公団が日本都市計画学会に委託した調査では、交通量推計のためのルート設定が行われている。それによると、白金高輪から山手線目黒、東急東横線都立大学、田園都市線（現在の大井町《おおいまち》線）等々力《とどろき》、南武線武蔵新城《しんじょう》の各駅を経由して第1・2両地区の中心地に入り、さらに進んで横浜線中山駅に至るものとしている。おそらくは白金高輪から目黒通りの地下を進み、

昭和46年（1971）〜昭和47年（1972）に関係機関がまとめた計画図では、横浜6号線＝東京6号線のルートが詳細に検討され、現在の都営三田線方面から港北ニュータウンに延びる路線を中軸とし、横浜3・4号線がそれを補完する形となった

多摩川の先は新設道路の地下か単独高架で港北ニュータウンに入る想定だったのだろう。

ニュータウン内は地下トンネルを主体としたA案、一部の区間を地表またはオープンカット（切通し）としたB案が考えられ、交通量推計調査ではB案を採用。また、第1・2両地区間は、西から横浜3・4号線、東京6号線の高架を並べたA案、西側に横浜3・4号線の2層高架、東側に東京6号線の高架を並べたB案、西から横浜4・3号線、東京6号線を並べたC案が考えられ、交通量推計ではC案を採用している。

この計画通りに進んでいれば、都営三田線の電車と横浜市営地下鉄の電車が並んで走る姿を、現在のセンター北〜センター南間の高架橋で見ることができたかもしれない。

新線建設から私鉄乗り入れによるアクセスルートの確保に変更

その後、昭和49年（1974）7月に港北ニュータウンの基本計画が決定し、同年8月には事業計画も認可されて造成工事が本格化した。横浜3・4号線、東京6号線を導入するための用地確保も進められたが、路線の建設は横浜市の在来都心部と直結する横浜3号線が先行することになり、まず昭和51年（1976）9月に現在のブルーライン関内～横浜間が開業。続いて昭和60年（1985）3月には横浜～新横浜間も開業し、引き続き港北ニュータウン方面への建設が進められた。

しかしこの間、日本経済は昭和48年（1973）の第一次石油ショックを契機とした低成長の時代に入り、港北ニュータウンに3本もの鉄道路線を整備するのは過剰ではないかという考えが支配的となっていた。それまで改定のたびに新設路線の追加を続けてきた都市交通審議会の鉄道整備基本計画にしても、今度は縮小の方向で改定する必要が生じたのである。

都市交通審議会は第15号答申を策定した直後に廃止され、総合的な交通体系の基本計画などを策定する運輸政策審議会が都市交通審議会の機能を継承していた。このため、第15号答申の改定版となる答申は運輸政策審議会が取りまとめることになり、昭和60年（1985）7月、運輸政策審議会の第7号答申として策定された。

この答申では、工事の進む横浜3号線（ブルーライン）については計画をそのまま維持したが、東京6号線（都営三田線の港北ニュータウン延伸部）の機能は、現在の東急目黒線や横浜4号線

（グリーンライン）に代替させることにした。具体的には、都営三田線の三田駅から白金高輪駅までは旧答申と同様に新線を建設するが、そこから先は東京7号線（現在の東京メトロ南北線に相当）と線路を共用する形で目黒駅まで建設。目黒から先は東急目蒲《めかま》線（現在の目黒線）～東横線への乗り入れに変更した。一方、横浜4号線は整備区間を東急東横線の日吉《ひよし》駅から港北ニュータウンを経て、国鉄横浜線方面に至るルートに変更した。

昭和60年（1985）の運輸政策審議会答申第7号の計画図。東京6号線の港北ニュータウン延伸は消滅し、横浜3・4号線だけになった

つまり、港北ニュータウンに比較的近いところまでは東急線への乗り入れで対応し、さらに別の地下鉄路線への乗り継ぎによって、東京都心部と港北ニュータウンへのアクセスルートを確保することにしたのである。

既設の鉄道路線への乗り入れで建設距離を大幅短縮

この計画変更は、既存の施設を可能な限り活用し、建設費を抑えることが目的だったといえる。

旧答申では、白金高輪から港北ニュータウンまで直線距離でも約18キロメートルもの区間に新線

48ページとほぼ同じ場所で平成21年（2009）に撮影。6号線の計画が消滅したため、現在は住宅地に生まれ変わっている

を建設しなければならないが、運輸政策審議会の第7号答申では、他の地下鉄や私鉄への乗り入れ区間を長くしたため、新線の建設距離も短くなる。

この計画による新線の建設距離は、三田〜白金高輪〜目黒間の4キロメートルと日吉〜港北ニュータウン間の約8キロメートルで、計12キロメートル。旧答申に比べ約6キロメートル短い。しかも、白金高輪〜目黒間は東京7号線の線路を借りる形だし、日吉〜港北ニュータウン間にしても、ルートを変更した横浜4号線への乗り継ぎとなる。東京6号線としての純粋な新線建設区間は、三田〜白金高輪間の約2キロメートルだけになるというわけだ。

日吉駅での乗り換えが必要になるというデメリットはあるが、これも東急線と横浜4号線の直通化を行えば、東京都心部と港北ニュータウンを直通する列車を走らせることができる。運輸政策審議会の第7号答申では、東急線〜横浜4号線の直通運転について具体的には触れていないが、おそらくは直通運転の可能性も念頭に置いていたのではないだろうか。

異なる規格の採用で残った乗り継ぎのデメリット

こうして東京都心部と港北ニュータウンを直結する鉄道の整備計画は消滅し、以後は第7号答申に基づき鉄道の整備が進んだ。

横浜3号線に相当する現在のブルーラインは、平成5年（1993）3月に新横浜〜あざみ野間が延伸開業し、とりあえず港北ニュータウンと横浜中心部を直結するアクセス鉄道が整備された。一方、東京6号線に相当する都営三田線は平成12年（2000）9月、三田〜白金高輪〜目黒間が延伸開業。同時に東急目黒線の武蔵小杉《こすぎ》駅までの乗り入れを開始した。続いて平成20年（2008）6月には、目黒線の営業区間が横浜4号線との接続点になる日吉駅まで延伸され、都営三田線の乗り入れ区間も日吉駅まで拡大した。

横浜4号線は整備区間を日吉〜港北ニュータウン中心部（センター北・センター南）〜中山（横浜線接続）間とし、平成13年（2001）に着工。目黒線の日吉延伸に先立つ平成20年（20

センター北～センター南間。現在は横浜3号線に相当するブルーライン（左）と、横浜4号線に相当するグリーンライン（右）の高架橋が設けられている。その間にある遊歩道（中央）は、6号線の計画消滅で余った敷地を活用したものだ

08）3月に全線が横浜市営地下鉄グリーンラインとして開業した。これにより、都営三田線方面から日吉駅乗り継ぎで港北ニュータウンに至る鉄道ルートが確保された。

ただ、グリーンラインは都営三田線や東急線とは異なる規格となった。軌道は一般的な鉄道と同じで、2本の鉄レール上を鉄車輪で進むが、車両を動かすための駆動装置はリニアモーターを採用している。

通常のモーターは回転式で、円筒形の大型モーターを車両に搭載しなければならないが、リニアモーターは回転モーターの円筒部分を広げて2本のレールの間に設置する格好となるため、車両に大型の回転モーターを搭載する必要がない。これにより車両を小型化できるだけでなくトンネルも

小さくすることができ、建設費を安くできるというわけだ。しかし、そのために東急線を走る電車とは構造が大きく変わってしまい、東急線からグリーンラインに列車を直通させることはできなくなってしまった。

港北ニュータウン内に残る延伸構想の名残

こうして東京6号線＝都営三田線の港北ニュータウン延伸構想は消滅したが、計画の策定から変更までの間にニュータウンの造成が進められたこともあり、港北ニュータウン内には都営三田線の建設を想定した旧鉄道用地の名残がわずかに残っている。

第1地区では、東山田小学校北東側の東山田1丁目や、4号線北山田駅南西側の北山田3丁目、センター北駅北西側の牛久保西1丁目に、高架や地表、またはオープンカット（切通し）の採用を前提とした旧鉄道用地の区割が見られる。現在はしゃれた外観の民家や公園が整備されており、鉄道用地の面影は見られない。とはいえ、地図上では都営三田線ルートに沿った地割がそのままで、これが計画変更の名残といえるだろう。なお、グリーンラインは地下トンネルで建設されたため、旧鉄道用地を活用することはなかった。

センター北～センター南間は現在、ブルーラインとグリーンラインの高架橋が並び、その間に

都筑ふれあいの丘駅の先にある、建物と斜面の間にぽっかりできた空間。この不自然な空間こそ、6号線の建設用地の名残だ

遊歩道が設けられている。この区間の線路配置案として有力視されていたC案を前提とすれば、グリーンライン予定地がブルーライン、都営三田線延伸部の予定地がグリーンラインにそれぞれ変更され、ブルーラインの予定地は遊歩道に転用されたといえるかもしれない。

センター南駅の先は、現在のグリーンラインと同じルートをたどることになっていたが、グリーンラインは都筑ふれあいの丘駅西側にある道路との交差部を高架として再び地下に潜り、富士見ヶ丘西側交差点の先（南西側）で区役所通りの中央分離帯に顔を出して高架としているのに対し、東京6号線は現在の都筑ふれあいの丘駅の手前で地表に顔を出し、あとは高架や切通しで進むことが考えられていた。

センター南駅の少し先には横浜4号線＝東京6号

線の想定ルートに沿った遊歩道がある。いかにも鉄道用地のような、ゆるやかなカーブを描いているが、この部分は東京6号線の計画でも地下トンネルとして計画されていたので、鉄道用地を遊歩道に転用したわけではない。一方、区役所通りが隣接してくる富士見ヶ丘西側交差点の北東側には、横浜4号線の通る地下トンネルの一段上に旧鉄道用地が残っており、現在は道路に面した商業ビルの駐車場として活用されている。東側の丘陵部が削り取られて急な法面《のりめん》となっており、いかにも鉄道用地の切通しのような雰囲気を漂わせている。

度重なる計画変更の最中に造成工事を進めたが故に、わずかではあるが当初計画の「遺構」が残ったといえるかもしれない。

第三章

複雑怪奇な千葉ニュータウンの鉄道計画の変転

千葉ニュータウンにひそむ幻の通勤鉄道構想

平成22年（2010）7月、成田国際空港の新しいアクセス鉄道として「成田新高速鉄道」こと京成電鉄成田空港線（成田スカイアクセス）が開業した。

空港アクセスルートとなっている京成電鉄の鉄道路線のうち、京成高砂〜成田空港間を距離の短い千葉ニュータウン経由の新ルートに切り替えたもので、現在は東京都心側の日暮里駅と成田空港内の駅を、最高時速160キロメートル、最短36分で結んでいる。それ以前は最短でも1時間弱かかっていたから、大幅な所要時間の短縮だ。

もっとも、約51キロメートルに及ぶ新ルートのうち、純粋な新線を建設したのは千葉ニュータウン内の印旛《いんば》日本医大駅から、JR成田線と新ルートが交差する付近までの約11キロメートルのみ。それ以外は既設の鉄道路線や施設を活用している。しかも、その運営体制は複雑怪奇。空港アクセス列車は全線にわたって京成電鉄が運行しているが、新ルート内は線路施設を複数の鉄道会社が保有しており、京成電鉄はそれぞれの施設保有会社から線路を借りて列車を運行する格好となっている。

そもそもこの新ルートは、当初から空港アクセスを目的に建設されたのではない。千葉ニュー

印旛日本医大駅に入線する都営浅草線の電車。千葉県営鉄道北千葉線が予定通りに開業していれば、ここに来るのは浅草線ではなく都営新宿線の電車になるはずだった

タウンの通勤鉄道として建設された路線を活用したものであり、それが複雑な運営体制の一因となっている。とくに小室《こむろ》〜印旛日本医大間は、本来は都営新宿線が乗り入れる「千葉県営鉄道北千葉線」の一部となるはずだったが、北千葉線は社会情勢の変化によって計画の変更を余儀なくされ、幻の通勤鉄道と化してしまった。

4線分の鉄道用地が設定されたニュータウン

千葉ニュータウンは、千葉県北部の北総《ほくそう》台地に造成されたニュータウンだ。千葉県が北総台地にニュータウンを整備する構想を発表したのは昭和41年（1966）5月のこと。同年7月から具体化に向けて検討に着手し、昭和44年（1969）5月までに、計画人口約34万人とした基本計画をまとめた。

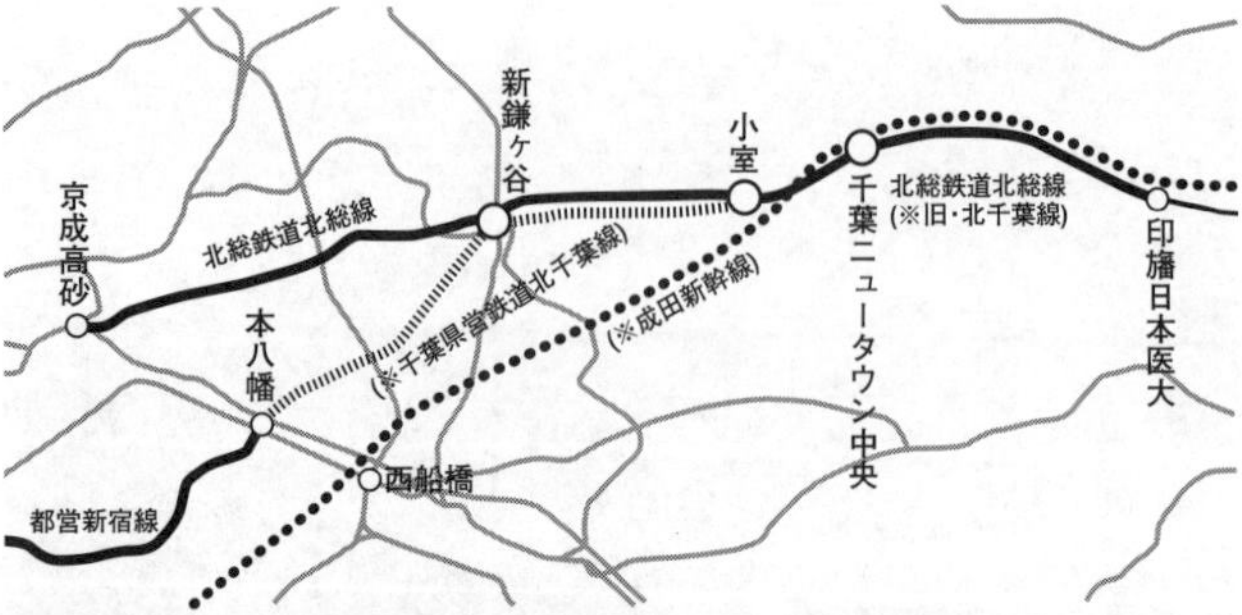

千葉ニュータウンとその周辺の鉄道路線。現在は北総鉄道北総線のみニュータウンに乗り入れているが、かつての計画では北総鉄道は小室まで。他に千葉県営鉄道北千葉線と成田新幹線がニュータウンに乗り入れる計画だった

この時点の計画では、現在の白井《しろい》市から船橋《ふなばし》市北部、印西《いんざい》市中央部を経て印旛村までの東西約17キロメートルに３地区８ブロック41住区、面積約２９１３ヘクタールのニュータウン地区を整備し、その中央部にはニュータウンを横断する幹線道路用地と鉄道用地を確保するものとしていた。

このうち鉄道用地の幅は、複線鉄道２組４線分とされた。この頃、新東京国際空港（現在の成田国際空港）を成田に建設し、東京からの鉄道アクセスとして「高速電車」を運行することが閣議決定されており、東京と成田のほぼ中間に位置するニュータウン予定地を「高速電車」が通ることになっていた。そこで、通勤鉄道の用地に並行して高速鉄道の用地も確保することにしたのである。

このうち通勤鉄道は千葉県が検討を進め、昭和42年（１９６７）11月に調査報告書がまとめられている。それによると、ニュータウン内は現在の印旛日本医大駅に相当する「第１駅」

から鉄道用地を西に進み、西白井駅に相当する「第8駅」まで整備するものとしている。途中駅こそ2駅少ないが、それ以外は現在の北総鉄道北総線とほぼ同じルートだ。

東京メトロ東西線への乗り入れルートが有力候補に

周辺線区との連絡は、具体案として4案が併記された。第1・2ルートは千葉ニュータウンの西側を走る新京成《しんけいせい》電鉄新京成線への接続としており、第1ルートは第8駅からそのまま西進して元山《もとやま》駅に接続。第2ルートは西へ少し進んでから南下し、初富《はつとみ》駅に接続するものとしていた。

これに対して第3ルートは、やや複雑な構成。第8駅から西へ少し進んでから南下して東武鉄道野田線に接続し、野田線との接続部（現在の新鎌《しんかま》ケ谷《がや》駅付近）に「粟野《あわの》駅」を新設する。ここからは野田線に乗り入れて新船橋駅に向かい、さらに新船橋駅と帝都高速度交通営団（現在の東京地下鉄）東西線の西船橋駅を結ぶ連絡線を設置し、野田線経由で東西線に乗り入れるものとした。第4ルートも東西線への乗り入れを想定しているが、こちらは途中で野田線に乗り入れることなく、第8駅から野田線の東側を並行する形で新線を建設し、西船橋駅に直接接続することが考えられていた。

千葉県の調査報告書では、これら4案のうち第3・4ルートを「最も好ましい路線」としてお

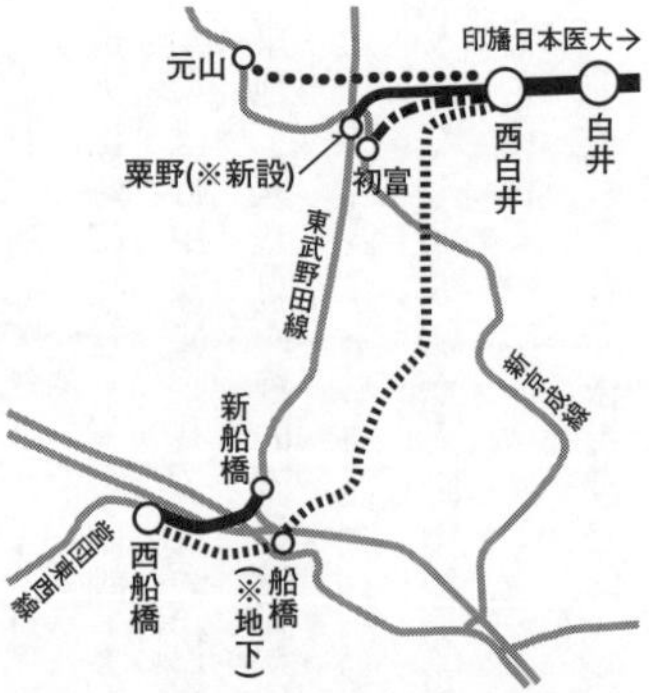

千葉ニュータウンと周辺の鉄道路線を結ぶアクセスルートの初期案。現在の東京メトロ東西線に乗り入れる案が有力視されていたが、東西線の混雑が激しいことから、後に都営新宿線と都営浅草線〜京成線方面からの乗り入れに変更された

り、東西線連絡による東京直結を有力候補としていたことがうかがえる。

また、調査報告書では京成電鉄との連絡についても触れており、千葉ニュータウンから京成高砂駅に接続するルートについて「企業として鉄道を敷設する場合は最も意欲的な構想である」としており、千葉県が調査している通勤鉄道とは別に、民間企業による鉄道整備も想定していたようである。計画人口を約34万人としている以上、通勤鉄道1本だけでは心もとないという考えがあったのかもしれない。

なお、ニュータウン東側の延伸は、この報告書では触れられていないが、後に成田への延伸も計画された。

通勤鉄道は東西線接続から都営新宿線接続に変更へ

昭和43年（1968）4月には、都市交通審議会の第10号答申が策定された。この答申では、現在の東西線に相当する東京5号線の整備区間を中野〜西船橋〜東武野田線方面としており、千葉県の調査ルートのうち第3ルート案を意識した内容となっている。

こうしたなか、京成電鉄は通勤鉄道の第2ルートとして北総開発鉄道（現在の北総鉄道）の設立を昭和46年（1971）に提案する。これを受けて千葉県は鉄道問題懇談会を設けて検討を行い、昭和47年（1972）2月に基本的な考えを取りまとめた。

それによると、千葉県が計画していた通勤鉄道は東西線との接続を取りやめ、東京都交通局が新宿〜東大島《ひがしおおじま》間で建設を進めていた東京10号線（都営新宿線）への接続に変更された。これは東西線が千葉ニュータウン方面ではなく、現在の八千代市方面へ延伸する構想に変更されたためだ。千葉ニュータウン方面と八千代市方面からの鉄道路線を西船橋で合流させて双方とも東西線に乗り入れさせれば、東西線が輸送力不足に陥ってしまう。そこで、千葉県が計画していた千葉ニュータウンの通勤鉄道は都営新宿線への乗り入れに変更し、分散させることにした。なお、東西線の八千代市方面への延伸区間は、後に東葉《とうよう》高速鉄道が運営する東葉高速線として平成8年（1996）に開業している。

高速鉄道用地を成田新幹線と北総開発鉄道で「折半」

一方、京成電鉄が構想した北総開発鉄道も、京成高砂駅から東へ直進して千葉ニュータウン内に入るルートで建設することになった。また、成田空港アクセスの「高速電車」は成田新幹線として建設されることになり、昭和46年（1971）1月の基本計画決定、4月の整備計画決定を経て、昭和47年（1972）2月に工事実施計画が認可された。

ここで問題となるのが、2組4線分とされた千葉ニュータウン内の鉄道用地である。千葉県構想の通勤鉄道と成田新幹線に加え、北総開発鉄道も千葉ニュータウンに入るとなると、本来は3組6線分の敷地が必要で、従来の計画では不足してしまう。そこで、通勤鉄道用地は従来の構想通り、千葉県の通勤鉄道を鉄道用地の全区間にわたって建設。高速鉄道用地はニュータウン中央部にほど近い小室地区を境に、西側の区間を北総開発鉄道が、東側の区間を成田新幹線が、それぞれ使用することになった。

つまり、成田新幹線が千葉ニュータウンの鉄道用地に入る場所を高速鉄道用地の西端から中間部とし、それによって空いた西側の高速鉄道用地を北総開発鉄道に譲る形としたのである。これなら従来の2組4線でも敷地が不足することはない。

本八幡駅で折り返す都営新宿線の電車。北千葉線が実現していれば、ここで折り返さず千葉ニュータウンまで走るはずだった

東菅野駅予定地の先（市川市南大野1丁目）に残る北千葉線の建設用地。本八幡駅からこの近くまでは地下線になる予定だった

昭和47年（1972）3月に都市交通審議会が策定した第15号答申でも、この考え方が反映されており、東京1号線（現在の都営浅草線に相当）の区間を西馬込《にしまごめ》～押上《おしあげ》～京成高砂～千葉ニュータウン小室地区間（押上～京成高砂間は京成、京成高砂～小室間は北総開発鉄道に乗り入れ）に拡大。さらに都営新宿線に相当する東京10号線も、橋本～新宿～東大島～本八幡《もとやわた》～千葉ニュータウン印旛地区間（橋本～新宿間は京王《けいおう》、本八幡～印旛間は千葉県営鉄道に乗り入れ）に拡大された。

こうして千葉ニュータウン内の鉄道は、ニュータウンの西側に通勤鉄道を2本、東側に新幹線と通勤鉄道をそれぞれ1本建設する計画となった。

千葉県構想の通勤鉄道は成田延伸を見送り

第15号答申の策定を受けて、千葉県は県営鉄道北千葉線の地方鉄道免許を昭和47年（1972）8月に申請した。この頃千葉県が示した建設計画によると、建設区間は本八幡～成田間の約39キロメートル。2本のレール幅（軌間）は都営新宿線の規格にあわせて1372ミリメートルとした。駅は本八幡、東菅野《ひがしすがの》、柏井《かしわい》、中沢、新鎌ヶ谷、西白井、白井、小室、谷田《やた》、千葉ニュータウン中央、印西天王《てんのう》前、印西草深《そうふけ》（現在の印西牧の原）、印旛松虫（現在の印旛日本医大）、成田ニュ

千葉ニュータウン内の鉄道用地。北総線が北側（写真左）に寄っており、南側に北千葉線を建設する計画だったことが分かる

小室～印旛日本医大間の北千葉線用地は住都公団を経て北総鉄道北総線に統合。線路の北側（写真左）には北千葉線と同様、幻の鉄路と化した成田新幹線の用地が並行している

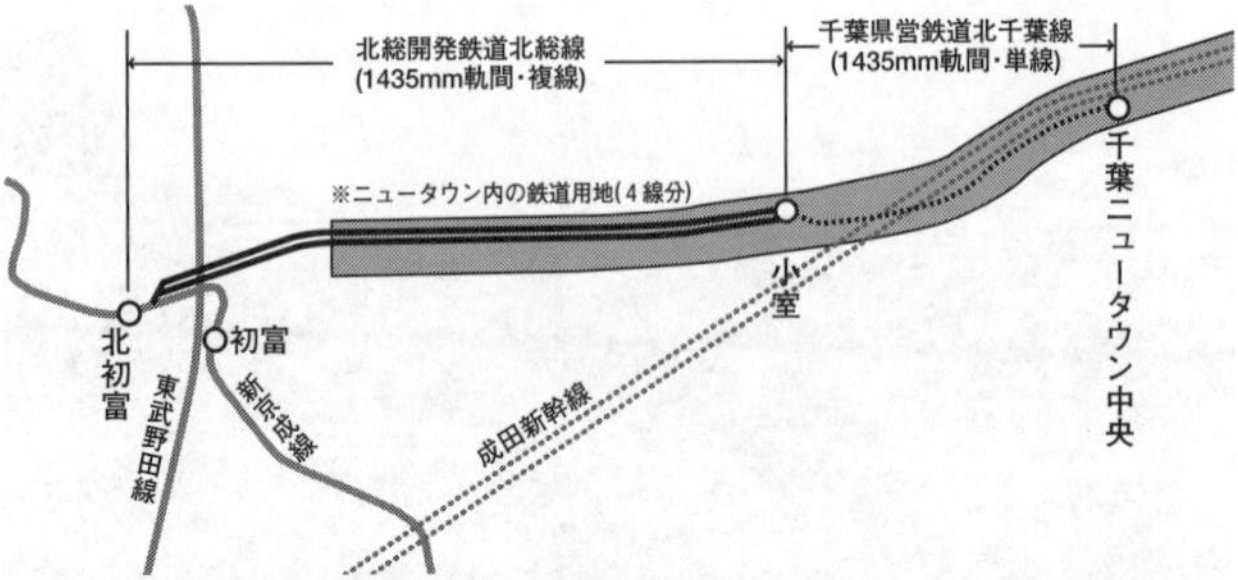

千葉ニュータウンの通勤鉄道の整備は段階的に進めることが計画された。まず北総線と北千葉線を新京成線直通で部分的に整備

ータウン中央、成田の15カ所に設置。このうち千葉ニュータウン中央駅は、成田新幹線の千葉ニュータウン駅（仮称）に隣接させる予定だった。なお、東大島〜本八幡間は千葉県の要請を受けた東京都交通局が整備し、都外の本八幡側は千葉県が建設費の一部を負担するものとした。

この申請は3期に分けて施工する計画だったため、運輸省は実施区間別に改めて申請するよう指導し、千葉県は昭和48年（1973）2月に第1期の小室〜千葉ニュータウン中央間、第2期の本八幡〜小室間および千葉ニュータウン中央〜印旛松虫間、第3期の印旛松虫〜成田間を再申請した。

その後、千葉県は10月に第1・2期区間となる本八幡〜印旛松虫間の免許を取得。同時に北総開発鉄道の京成高砂〜小室間と都営新宿線の東大島〜本八幡間も免許が下りた。ただ、北千葉線第3期区間の印旛松虫〜成田間は、都市交通審議会の第15号答申に盛り込まれておらず、緊急性が薄いと判断されたこと

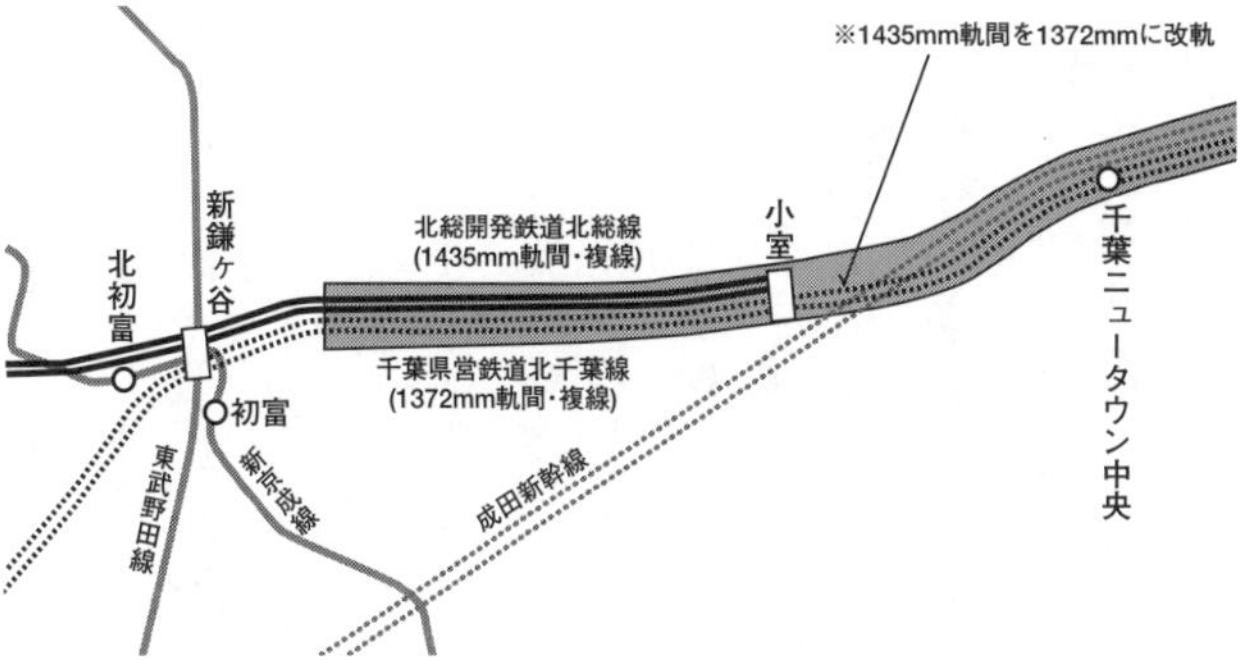

右の第1期輸送計画の後、全面的に整備する段階で両線を分離する計画だった

から免許が見送られている。

ニュータウンの開発にあわせて段階的整備を計画

これにより、北千葉線をはじめとする千葉ニュータウンの鉄道計画が確定したが、実際はニュータウンの開発進度や入居状況にあわせ、段階的に整備することになった。

まず、北総開発鉄道が京成高砂～新鎌ヶ谷～小室間のうち新鎌ヶ谷～小室間を建設し、新鎌ヶ谷駅付近に新京成線との連絡線を設けて北初富駅に接続。北総開発鉄道と新京成線の相互直通運転を実施して松戸～小室間を直通するものとした。ただし、この時点では新鎌ヶ谷駅の旅客業務施設は設けないものとした。

続いて千葉県が北千葉線第1期区間の小室～千葉ニュータウン中央間を建設し、新京成線～北総開発鉄道～北千葉線の直通運転を行うものとした。ただ、北千葉線の軌間は既に述べているように1372ミリメートルであるのに対し、新京成線と北総開発鉄道の軌間は1435ミリメートルだから、本来は列車の直通運転ができない。そこで、北千葉線の第1期区間は暫定的に1435ミリメートル軌間の単線で整備するものとした。

その後は北千葉線の延伸工事を進め、第2期区間である本八幡〜小室間と千葉ニュータウン中央〜印旛松虫間を建設。これに伴い、第1期区間の「暫定1435ミリメートル単線区間」を1372ミリメートル軌間に改築するとともに複線化し、新京成線〜北総開発鉄道との直通運転を中止して都営新宿線との直通運転に切り替えるものとした。

これと並行して北総開発鉄道も京成高砂〜新鎌ヶ谷間の延伸工事を推進。完成した時点で新京成線との直通運転を取りやめ、京急線〜都営浅草線〜京成線との直通運転に切り替えるものとした。一方で国鉄側の鉄道路線建設部門である日本鉄道建設公団（現在の鉄道建設・運輸施設整備支援機構）も、成田新幹線の工事を並行して進めることにした。

なかなか複雑な工程だが、ニュータウンの整備や入居が進まない段階で、全ての鉄道路線を建設しても赤字経営になってしまうのは必至。かといって鉄道路線を整備しなければニュータウンの入居も進まない。いわゆる「鶏が先か、卵が先か」というジレンマがあるのだ。段階的、かつ複雑な工程を採用することで、そのジレンマを少しでも和らげようという考えがあった。

ニュータウン計画の縮小で小室以西を凍結

千葉県は小室〜千葉ニュータウン中央間の工事施行認可を昭和49年（1974）に受け、同年8月から北千葉線の工事に着手した。また、本八幡〜小室間と千葉ニュータウン中央〜印旛松虫間は昭和50年（1975）3月に工事を申請した。

北千葉線の工事はニュータウンの造成工事と並行して進められ、ニュータウンの区域外となる本八幡〜新鎌ヶ谷間でも一部で用地買収が行われた。昭和51年（1976）度の時点では、第1期区間を昭和53年（1978）4月、第2期区間を昭和55年（1980）4月に開業することを予定していた。

しかし、この頃の千葉ニュータウンは大きな転機を迎えていた。昭和48年（1973）年の第一次石油ショック以降、土地や建設資材などの価格が高騰して建設費が当初の見込みより膨張し、ニュータウンの造成工事も遅れがちとなっていたのである。また、ニュータウンの敷地外となる本八幡〜新鎌ヶ谷間は、既成の市街地を通ることから建設費の見込みがさらにふくれあがっていた。そもそもニュータウン自体、経済成長の鈍化で約34万人もの入居は見込めなくなり、通勤鉄道を2本も整備する必然性も薄れていたのである。

こうした状況を受けて、千葉県は昭和53年（1978）に北千葉線の計画を大幅に見直す。まず、ニュータウンの敷地外である本八幡～小室間の着工は凍結。ニュータウンの開発は鉄道も含めて千葉県と宅地開発公団（現在の都市再生機構）の共同施行体制に移行することになり、小室～印旛松虫間の県営鉄道建設事業は同年4月に宅地開発公団に譲渡された。

一方、千葉ニュータウンを経由する成田新幹線も問題を抱えていた。成田新幹線は昭和49年（1974）2月に着工したものの、沿線の自治体や住民による建設反対運動が激化し、成田市内の土屋《つちや》地区から成田空港に至るわずか約9キロメートルの高架橋やトンネルを除き、工事にほとんど着手できなかったのである。そこで昭和52年（1977）11月、当時の運輸大臣が既設の鉄道をつなぎ合わせて新幹線の代替とする「成田新高速鉄道」の整備を提案。これを受けて昭和53年（1978）4月に「成田新高速鉄道協議会」が発足し、空港アクセス鉄道の計画が再検討されることになった。

成田空港は同年5月に開港し、京成本線の京成成田～成田空港（現在の東成田）間も開業した。しかし、成田新幹線が空港アクセス鉄道のメインとして位置づけられていたこともあり、ターミナルビル直結駅の京成用スペースは確保されず、京成の成田空港駅は旅客ターミナルビルから離れた場所に設置。「空港駅」を名乗りながら、空港ターミナルビルに移動するためにはシャトルバスに乗り換えなくてはならないという、不完全なアクセス鉄道であった。

空港アクセス鉄道への「転身」構想が浮上

千葉ニュータウンの造成工事は昭和54年（１９７９）に一定のめどがつき、同年3月には北初富～小室間が北総開発鉄道の北総線として開業した。しかし、この時点では東京都心への直結が図られておらず、さらに高額な運賃設定を行ったことからニュータウンの入居も進まず、厳しい経営が続くことになった。一方、小室～印旛松虫間の鉄道計画を引き継いだ宅地開発公団は昭和56年（１９８１）10月、住宅・都市整備公団（住都公団）に改組され、引き続き第1期区間である小室～千葉ニュータウン中央間の工事を進めた。

こうしたなか、政府は「新東京国際空港アクセス関連高速鉄道調査委員会」を昭和56年（１９８１）5月に設置し、成田新高速鉄道の本格的な検討を開始。昭和57年（１９８２）5月にA・B・Cの3案からなる調査報告書を取りまとめた。いずれの案も、成田市の土屋地区から成田空港までは、成田新幹線用として建設が進められていた高架橋やトンネルに乗り入れるルートだったが、東京駅から土屋地区に至るルートは大きな違いがあった。

A案は国鉄の在来線を整備するもので、ルートは東京駅から新砂町《しんすなまち》（現在の新木場）、西船橋、新鎌ヶ谷、小室、印旛松虫を経て成田空港に至るものとした。このうち新砂町～西船橋間は、貨物線として工事が進められていた京葉線を旅客線に転用。西船橋駅から小室までは工事凍結中の北千葉線とほぼ同じルートで新線を整備し、小室～印旛松虫間も住都公団の計画・工事線ルートをほぼそのまま活用。印旛松虫から土屋地区までは成田新幹線とほぼ同じルートで新線を整備するものとした。

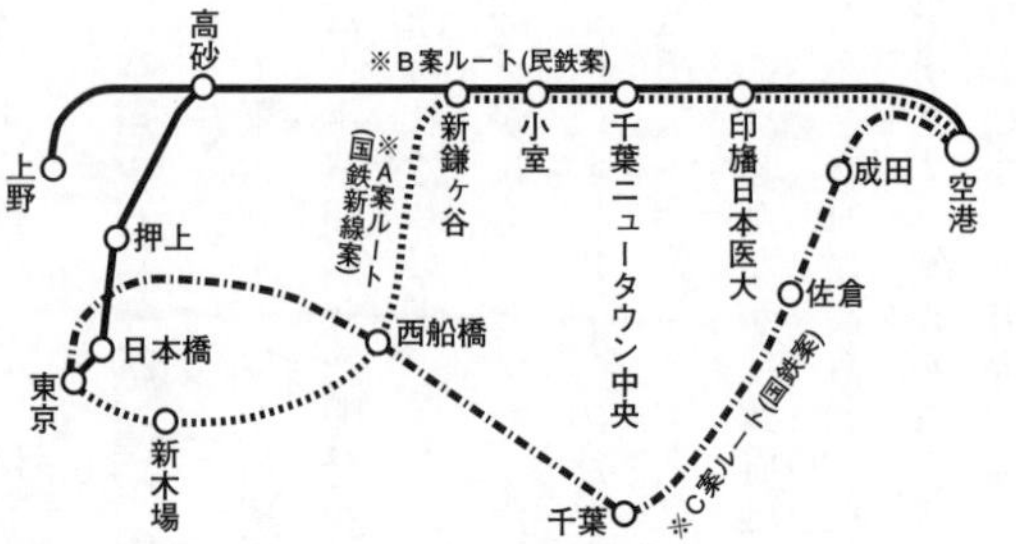

成田新高速鉄道のルート案。いわゆるB案（民鉄線案）が最終的に採用された

B案は複数の公営地下鉄や私鉄にまたがるルートで、東京駅～江戸橋（現在の都営浅草線日本橋）間と印旛松虫～成田線交差部に新線を建設し、上野駅及び江戸橋～京成高砂間は既設の都営浅草線と京成線を走行。京成高砂～小室間は北総開発鉄道の工事・既設線、小室～印旛松虫間は住都公団の工事・計画線を使用するものとした。印旛松虫～土屋地区間は、A案と同様に成田新幹線とほぼ同じルートで新線を建設する。

C案はA案と同じ国鉄線だが、東京駅～土屋地区間は既設の総武本線・成田線を走行し、土屋地区に成田新幹線の高架橋に接続するための線路を整備するものとした。つまり、新たに線路を整備する必要のある区間が最も短い案ということになる。

報告書はC案を「A案またはB案のどちらかを建設するまでの暫定案」と位置づけたが、A・B案のどちらを建設するかは結論を出さず、両論併記とした。いずれにせよ、北千葉線の当初計画区間のうち、住都公団に移管された小室～印旛松虫間は成田空港へのアクセス鉄道として活用されることが確定的となり、凍結中の本八幡～小室間も、A案の採用なら起点を西船橋に変更した上で「復活」の芽があったことになる。

B案ルート採用で北千葉線の計画中止は確定的に

調査委の報告書に対し国鉄は、成田新幹線の実質的な代替路線となりうること、東京駅からの連絡に優れていること、B案は数社が関与するため管理が複雑になることなどを挙げてA案を評価し、C案についても暫定あるいは補完的な役割という点では利便性が高い路線と評価した。ちなみに昭和58年（1983）7月には、京葉線西船橋以西の旅客線化が認可されており、同時にA案ルートの一部として取り上げられた新砂町～東京間も旅客線として認可され、着工が本決まりになっている。

新砂町〜東京間の認可でA案ルート採用の可能性が出てきたなか、北千葉線の当初計画のうち第1期区間となる小室〜千葉ニュータウン中央間が、住都公団の千葉ニュータウン線として昭和59年（1984）3月に開業した。しかし、1435ミリメートル軌間の線路を敷設した点は、当初の暫定計画と同じだが、線路は単線ではなく複線で建設されている。

それから8カ月後の11月、運輸省は成田新高速鉄道のルートについて、民鉄の既設線活用を中心としたB案の採用を決めた。当時の国鉄は経営状況がきわめて悪化しており、新線の建設距離が長いA案ルート全線を独力で整備する余裕はなく、C案にしても当時混雑が悪化していた総武本線の輸送力不足がネックとなり、まずは京葉線の旅客線化を先行させて総武本線の混雑を緩和する必要があったことが、B案採用の決め手になったといえるだろう。この結果、A案ルートの一部とされた北千葉線の小室以西を、国鉄の在来線計画として再開する可能性が消滅した。

そして昭和60年（1985）7月には、都市交通審議会第15号答申の改訂版となる運輸政策審議会第7号答申が策定された。この答申では、都営新宿線に相当する東京10号線の本八幡以東を削除するとともに、小室〜千葉ニュータウン中央〜印旛松虫〜新東京国際空港（小室〜千葉ニュータウン中央間は開業）間を「千葉ニュータウンから新東京国際空港へ至る路線」として盛り込んでいる。東京駅〜日本橋間は第7号答申では盛り込まれなかったものの、それ以外はB案とほぼ同じだ。こうして千葉県営鉄道北千葉線の計画は事実上、国の計画から消滅した。

なお、国鉄分割民営化から1年が過ぎた昭和63年（１９８８）4月、鉄道事業法の経過規定に基づき、住都公団千葉ニュータウン線の事業種別が変更された。千葉ニュータウン線は開業当初から北総開発鉄道に運転管理を委託していたが、この日から住都公団が鉄道施設のみを保有する第3種鉄道事業者、北総開発鉄道が住都公団から鉄道施設を借りて列車を運行する第2種鉄道事業者となり、線名も北初富～千葉ニュータウン中央間を「北総・公団線」として一元化した。

遅々として進まなかったB案ルートの整備

千葉ニュータウンと成田空港のアクセス鉄道は、B案ルートをベースに整備が進められることになったが、北総・公団線の延伸が用地買収の難航で遅れたこともあり、具体化に向けての動きはなかなか進まなかった。一方、成田新幹線は土屋地区～成田空港間の路盤工事が完成した昭和58年（１９８３）5月で工事が凍結。国鉄が分割民営化された昭和62年（１９８７）4月には正式に計画が中止され、その施設は国鉄の資産を管理・売却する国鉄清算事業団に移された。

しかし、成田空港の利用者の増加で、空港アクセスの改善は待ったなしの状況になっていた。そこで、ＪＲ東日本と京成電鉄の線路を旧・成田新幹線の路盤に引き入れて、ターミナルビルへ

平成22年（2010）に開業したB案ルートの成田スカイアクセス。最高時速160キロメートルの空港アクセス特急スカイライナーが運行されている。実質的には成田新幹線の代替だ

の直接乗り入れを図ることが急きょ決定。昭和63年（1988）10月、旧・成田新幹線の施設を整備・保有してJRと京成に貸し出す第三セクターの成田空港高速鉄道が設立され、平成3年（1991）3月19日にJR・京成の空港乗り入れ線として開業した。正式にはB案ルート整備までの暫定措置という扱いであったが、実質的にはC案ルートをベースに京成電鉄の接続線を追加したものといえる。

それから12日後の3月31日、北総・公団線の京成高砂〜新鎌ヶ谷間がようやく開業して千葉ニュータウンと東京都心の直結が図られた。千葉ニュータウン中央以東も遅々としたペースながら延伸が進み、平成12年（2000）7月までに京成高砂〜印旛日本医大間が全通している。

なお、住都公団は都市基盤整備公団への改組を経

て、平成16年（2004）7月には都市再生機構となったが、このとき都市再生機構は鉄道事業を引き継がなかったため、小室～印旛日本医大間の第3種鉄道事業は、京成全額出資の子会社「千葉ニュータウン鉄道」に譲渡された。これにあわせて北総開発鉄道も現在の北総鉄道に改称し、線名を再び北総線に改めている。

そこにはもはや、「千葉県営鉄道北千葉線」という当初計画の名残が感じられない。計画だけでなく運営会社や路線名が幾度となく変更されたことも、千葉ニュータウンにおける鉄道計画の変遷を複雑怪奇なものにしてしまったといえよう。

東京駅接続部を除いてB案ルートがようやく完成

とはいえ、京成高砂～印旛日本医大間全通のめどが立ったことでB案ルート実現に向けての動きは強まった。平成12年（2000）1月に策定された運輸政策審議会の第18号答申では、印旛日本医大～成田空港間の整備が再び盛り込まれ、都営浅草線と東京駅の接続部も羽田空港アクセスを含む東京駅～日本橋・宝町間が盛り込まれた。このうち印旛日本医大～土屋地区間は、第三セクターの成田高速鉄道アクセスが鉄道施設保有会社として設立され、列車の運行は京成電鉄が北総線区間も含めて一元的に行うことが決定した。

工事は平成18年（2006）から本格化。平成22年（2010）7月、京成電鉄の成田スカイアクセスとして開業し、B案ルートのうち東京駅接続部を除く区間が完成した。成田スカイアクセスの開業とともに、京成電鉄の成田空港アクセス特急「スカイライナー」もスカイアクセス経由の新ルートに移行。京成上野～京成高砂間はこれまで通り京成本線を走行するが、その先は北総鉄道や千葉ニュータウン鉄道などから線路施設を借りる形で運行している。

小室を境に明暗分かれた北千葉線の計画

千葉県が千葉ニュータウンの造成にあわせて計画した千葉県営鉄道北千葉線のうち、東側の小室～印旛日本医大間は実質的には北総線の延伸部として整備され、今では空港アクセス鉄道としても機能している。当初計画通りなら通勤鉄道としての機能しかなかったわけだから、北千葉線計画は発展的に解消されたといえなくもない。

その一方、西側の本八幡～新鎌ヶ谷～小室間は、東側区間とは対照的な経過をたどることとなった。都営新宿線が平成元年（1989）3月に本八幡まで全通したのを機に、沿線自治体の間で北千葉線の計画再開が議論されたが、千葉ニュータウンの入居状況が当初の想定を大幅に下回っている上、北総開発鉄道も利用者が少なく厳しい経営が続いているような状況では、仮に建設費のめどがついたとしても、簡単に建設できるものではない。

結局、平成4年（1992）に北総・公団線に並行しない本八幡〜新鎌ヶ谷間のみ第三セクター方式で整備し、北総・公団線に並行する新鎌ヶ谷〜小室間は中止するという方針が固まったものの、実際は沿線自治体の財政難などもあって具体化することはなかった。

平成12年（2000）1月の運輸政策審議会第18号答申では、本八幡〜新鎌ヶ谷間のみ「沿線の開発状況等を見極めつつ、その整備を検討する」との文言が追加されて復活の気配もあったが、同年8月に入ると、与党が長期休止状態にある公共事業の中止を勧告。これを受けて政府は11月に北千葉線計画の中止を決め、千葉県も12月に本八幡〜小室間の鉄道事業廃止を届け出た。

旧・北千葉線の計画を受け継ぐ構想も中止

こうして県営鉄道北千葉線としての計画は正式に中止されたが、千葉県としてはすぐには諦めることができなかったようで、本八幡〜新鎌ヶ谷間のみ路線名称を「東京10号線延伸新線」に改め、引き続き第三セクター方式による計画再開の方針を維持し続けた。しかし、線名を変えたからといって建設に向けた環境が整うはずもない。

千葉県などは平成22年度（2010）に建設の基礎調査を実施したものの、その結果は惨たんたるものだった。予定ルートの沿線は少子高齢化が進み具体的な開発計画もないこと、建設には約1400億円という多額の事業費が必要で、採算性の見通しも立たないこと、さらに千葉ニュータウンから東京都心への鉄道ルートが北総鉄道と東京10号線延伸新線の2ルートとなり、利用者の分散によって北総鉄道の経営が悪化することが懸念されること、これらの理由から実現の可能性がないと判断された。こうして平成25年（2013）9月、東京10号線延伸新線の建設を促進するための自治体の検討委員会が解散した。

自治体の検討組織が解散した以上、本八幡~新鎌ヶ谷間の計画が復活する可能性はほぼないだろう。仮に復活の芽があるとすれば、成田スカイアクセスの開業を契機にニュータウンの入居人口が急増し、北総線の輸送力に限界が見え始めたときだろうが、果たしてそんな日が来るのであろうか。

第四章

地下鉄銀座線に乗り入れるはずだった田園都市線

路面電車の輸送力強化を目指した東急の通勤路線

ここまで述べてきたように、鉄道計画は当初の計画通りに実現するとは限らない。途中で幾度となく計画を変更し、最終的には当初計画と似ても似つかぬ路線になることもある。

それでは、完成してしまえば未来永劫、完成時の規格やルートがずっと続くのかといえば、これまた違う。輸送力の強化を目的とした複線化や電化はよく行われているし、場合によってはルートや規格を大幅に変更することすらある。東京急行電鉄（東急）の田園都市線渋谷〜二子《ふたこ》玉川間も、そうした路線の一つといえるだろう。

現在の田園都市線渋谷〜二子玉川〜中央林間《ちゅうおうりんかん》間のうち、国道２４６号（玉川通り）などの地下を通る渋谷〜二子玉川間は、ほんの十数年ほど前までは「新玉川線」を名乗っていた。「玉川」は東京都と神奈川県の都県境を流れる多摩川の別名で、二子玉川駅も多摩川のすぐそば、というより今日ではホームの一部が多摩川の上に架かっているぐらいだから、多摩川方面に向かう路線として「玉川」を名乗っていたのは分かる。しかし、なぜ「玉川線」ではなく「新玉川線」だったのか。

渋谷〜二子玉川間は、もともとは玉川通りを走る路面電車で、これが「玉川線」を名乗ってい

東急田園都市線（旧・新玉川線）の池尻大橋駅。玉川通りの地下を走る鉄道路線だが、もともとは地上の道路を走る路面電車・玉川線が起源といえる

た。道路を走ることから輸送力は小さく、その強化のため専用の地下トンネルに線路を敷いた「新しい玉川線」を建設したことから、新玉川線と命名されたのだ。

新玉川線の計画が本格的に始動したのは昭和30年代前半だが、実際に開業したのは昭和52年（1977）のこと。途中で規格の変更などがあり、約20年もの時間がかかった。

「玉電」が構築した東急の路面電車ネットワーク

都内有数の繁華街である渋谷から西へ延びる玉川通りには、かつて「玉電」と呼ばれた路面電車が走っていた。その歴史は古く、明治40年（1907）3月、玉川電気鉄道が道玄坂上《どうげんざかうえ》～三軒茶屋間を開業。その後も路線の延伸や支線の整備が続き、昭和2年（1927）までに玉川線渋谷～玉川（現在の二子玉川）間、天現寺線渋谷〜渋谷橋間、中目黒線渋谷橋〜中目黒間、玉川線支線（通称「下高井戸線」、現在の世田谷線）三軒茶屋〜下高井戸間、砧《きぬた》線玉川〜砧間、溝ノ口《みぞのくち》線玉川〜溝ノ口（現在の溝の口）間の6線による「民営路面電車網」が構築された。

この頃、各地の鉄道・バス会社は乱立気味で、他社との競合や昭和恐慌による経営の悪化、それによる利便性の低下などといった弊害が見られるようになった。こうしたことから交通事業者の統合を図る機運が高まり、玉川電気鉄道も昭和13年（1938）4月に東京横浜電鉄と合併。昭和17年（1942）5月には社名を現在の東京急行電鉄に変えている。また、天現寺線と中目黒線は東京市電気局（現在の東京都交通局）に運転管理が委託され、終戦後の昭和23年（1948）3月には正式に経営権が交通局に譲渡されている。なお、溝ノ口線は戦時中の昭和18年（1943）7月、大井町線の延伸部（現在の二子玉川〜溝ノ口間）として編入された。

こうして東急となった「玉電」は、玉川通りを走る玉川線をメインに下高井戸と砧に支線を延ばす3路線に整理され、戦後はこの体制がしばらく続くことになる。

路面電車並行新線の建設で輸送力不足の解消を計画

渋谷にターミナルを持つ玉川線の輸送量は比較的堅調に推移したが、それ故に道路上を走る路面電車という「器の小ささ」が障害となり、輸送力不足に悩まされていた。

そこで東急は、玉川線とは別に新しい鉄道路線の建設を計画。その名も「新玉川線」とし、渋谷〜二子玉川園（現在の二子玉川）間で鉄道を営業するための手続き（免許申請）を昭和31年（1956）7月に行った（第1次ルート）。これは当時、人家が比較的少なかった玉川通りの南側約300〜400メートルに専用の鉄道用地を確保して普通の鉄道を建設するもので、玉川線との交差部（渋谷駅から250メートル先）の前後900メートルを地下、それ以外の区間は高架または盛り土の上を走らせる計画だった。

新玉川線の第1次ルート。玉川通りを走る玉川線に対し、新玉川線は玉川通りのやや南側を通る計画だった

東急は当初、新幹線のような別ルートによる線路増設のイメージで新玉川線の建設を考えていたらしく、同線の開業後も玉川線を存続させることを前提としていた。既設の路面電車で近距離地域輸送を引き続き行いつつ、中距離の通勤通学輸送は新しい鉄道ルートにシフトさせることで、輸送力を大幅に強化しようとしたのである。新線の建設というよりは、規格が異なる複々線化といえるだろうか。

ただ、玉川線を残すのであれば、新しく建設する鉄道に同じ路線名を付けるわけにはいかない。当初の路線名を新玉川線としたのは、単に「新しい玉川線」というだけではなく、既設の玉川線と案内上の区別をつける必要があったためだろう。ある意味、東海道本線に並行する東海道新幹線と同じ考え方といえる。

銀座線と同一規格で都心乗り入れを目指す

また、この計画が検討されていた頃、山手線の主要駅をターミナルとしていた私鉄各線と東京都心部を走る地下鉄の相互直通運転が考えられるようになり、昭和31年（1956）には第二章で触れたように、都市交通審議会が私鉄〜地下鉄の相互直通運転を盛り込んだ第1号答申を策定している。新玉川線も渋谷駅で連絡している営団地下鉄（現在の東京メトロ）銀座線への乗り入れが考えられた。

ただ、銀座線は東急の鉄道路線とは規格が大きく異なる。2本のレール幅（軌間）は、東急線が国鉄（現在のJR）在来線と同じ1067ミリメートルであるのに対し、銀座線は新幹線と同じ1435ミリメートル。電気の供給方式も異なり、東急線は鉄道車両の走行スペースの上方に「架線」と呼ばれる電線を敷設して電気を供給する架空線方式を採用しているが、銀座線は2本の

渋谷駅に入る銀座線の電車。かつては新玉川線も銀座線と同じ規格で建設し、銀座線との相互直通運転を行う予定だった

レールの横にもう1本レールを敷き、そこに電気を流して供給する第三軌条方式を採用していた。しかも、車体の幅も一般的な鉄道車両より狭い。銀座線を改築して標準的な規格の東急線にあわせるか、あるいは新玉川線を銀座線の規格にあわせて建設しなければ、直通運転はできないのだ。

銀座線の改築は、実質的には不可能だ。2本のレールの脇に電気供給用のレールを設置する第三軌条方式は、架空線方式と異なり設置スペースが少なく、その分建設費がかさむトンネルを小さくすることができる。銀座線も第三軌条方式の採用によってトンネルが小さく建設されているから、これを架空線方式の東急線にあわせるとなると、トンネルの高さや幅を大きく広げる工事を全線にわたって施工しなければならない。このため新玉川線を銀座線の規格にあわせて建設することになり、軌間は1435ミリメートル、電気の供給方式は第三軌条方式を採用することになった。

新玉川線の計画が始動したことにより、玉川線の輸送力不足は早期に解決されるかのように思えたが、これとほぼ並行して進められていた「住宅」と「道路」のプロジェクトが、のちに玉川線と新玉川線を翻弄していくことになる。

新玉川線の計画と並行して新興住宅地へのアクセス鉄道を計画

新玉川線の免許申請に先立つこと3年の昭和28年（1953）、東急は神奈川県北東部の丘陵地帯（城西南地区）に大規模な住宅地を整備する計画を打ち立て、昭和30年（1955）頃から区画整理に着手した。

この計画では当初、東急が運営する高速道路をアクセス交通として整備する予定だった。しかし、国の高速道路計画と競合すること、沿線住民が鉄道の建設を要望したことなどから断念し、最終的には鉄道建設の方針に転換している。

城西南地区は、大井町線の当時の終点だった溝ノ口駅の西側にあるため、名目上は大井町線のさらなる延伸部として溝ノ口〜長津田《ながつた》間の免許を昭和31年（1956）9月に申請している。しかし、実際には新玉川線～銀座線方面への直通化を想定しており、その規格も大井町線既開業部の1067ミリメートル、架空線方式による「標準規格」ではなく、新玉川線と同じ「銀座線規格」としていた。新玉川線と延伸部の間（二子玉川園～溝ノ口間）には標準規格の既開業区間が挟まる格好となるが、この区間にも銀座線規格の線路を増設して直通化を図る予定だったようだ。

ところが翌昭和32年（1957）11月、大井町線延伸部を現在の中央林間までさらに延伸する免許を追加申請した際、既開業区間と同じ通常規格に変更しており、昭和35年（1960）9月に溝ノ口～中央林間間の免許を取得している。

後に都市交通審議会が取りまとめた昭和37年（1962）の第6号答申では、現在の都営三田線に相当する6号線が西馬込～桐ヶ谷（池上線大崎広小路～戸越銀座間にあった駅。現在は廃止）～三田～巣鴨～志村（現在の高島平）間に設定されており、このとき東急は桐ヶ谷付近で6号線と池上線を接続させ、さらに大井町線と池上線が立体交差する旗の台付近でも線路改良によって線路の接続を図り、城西南地区から6号線につなぐ都心乗り入れルートの確保を考えていた。延伸部の標準規格への変更は、6号線の設定を見越しての判断と思われる。

いずれにせよ、延伸部は規格の違いから新玉川線への直通化が断念され、両線の連絡は二子玉川園駅での乗り換えを必要とする計画に変わった。

都市計画道路の優先整備で新玉川線の整備は後回しに

昭和34年(1959)2月に新玉川線の免許を取得した東急は、直ちに実施設計のための調査を開始。同年7月に設計作業がほぼ完了した。

この時点の計画(第2次ルート)によると、渋谷~三軒茶屋間は玉川通りの地下に敷設、三軒茶屋以西は玉川通りの北側約400~600メートルに位置する蛇崩《じゃくずれ》川の上空に高架線を建設するとしており、免許時の予定ルートと大きく異なる。

これは新玉川線の免許を取得した際、渋谷~三軒茶屋間の線路を玉川通りに「一致」させるよう運輸省から指導されたため。東京都が「放射第4号都市計画道路」として玉川通りの拡幅や新道建設を計画しており、これと一体的に整備すれば効率的であると運輸省は考えたようだ。

一方、世田谷区や計画ルート周辺の住民は、三軒茶屋~二子玉川園間も含めた全線の地下化を求めて建設反対の立場を鮮明にしたが、東急は認可申請期限が迫っているとして、昭和35年(1960)2月に第2次ルート案のまま工事施行認可を申請、翌昭和36年(1961)8月に認可されている。しかし、現実には地元の協力なくして建設できるはずもなく、後日のルート変更に含みを持たせる格好となった。

新玉川線の第2次ルート。渋谷～三軒茶屋間は玉川通りの地下、三軒茶屋から先は川の上に高架橋を設置する計画だった

一方、東京都が計画していた放射4号線は、渋谷から新《しん》町《まち》（現在の駒沢大学～桜新町《さくらしんまち》間のほぼ中間）まで玉川通りを拡幅し、新町から先は玉川通りの南側に新道を建設して整備することになっていた。そこで東急は渋谷～三軒茶屋間の地下ルートについて、都が買収した道路の拡幅用地を借用し、地上から下に掘り進んでトンネルを構築する「開削《かいさく》工法」によって、新玉川線のトンネルを先行整備することを考えた。道路を先に完成させた上で地下トンネルを開削工法で建設すると、一度完成させた道路に再び手を加えることになるため、単に効率が悪いというだけでなく建設費もかさんでしまう。道路より先に地下線を建設した方が、トータルでみれば効率的、かつ低コストで建設できるというもくろみがあったのだろう。

しかし、このもくろみはすぐに崩れ去る。放射4号線は昭和39年（１９６４）の東京オリンピック開催前に完成させることになっており、新玉川線を先に建設すると、道路の完成がオリンピックに間に合わなくなる恐れがあったのである。結局、道路を先に整備することになり、新玉川線の建設は後回しにされた。

昭和39年（1964）2月には、現在の用賀《ようが》駅近くに設置する予定だった車両基地の敷地内で新玉川線の起工式が執り行われ、4月からは立て坑の工事にも着手したが、本格的な着工はオリンピック後に持ち越されることになった。

高速道路の建設で浮上した玉川線の一時地下化

東京オリンピックは同年10月24日に閉会。それから2カ月後には、二子玉川園駅付近の高架橋工事に着手し、工事が本格化する兆しを見せ始めた。ところが今度は、首都高速道路3号線の計画が、新玉川線の前に立ちはだかったのである。

首都高速3号線は渋谷から用賀まで放射4号線、すなわち玉川通りの上方空間に高架の高速道路として建設することになり、昭和41年（1966）7月に都市計画が決定されている。橋脚は道路の中央部に設置されることから、同じく玉川通りの中央部に軌道を敷設している玉川線の扱いが問題となり、さらに高速道路の橋脚を設置することで、基礎部分が新玉川線の地下トンネルの建設に支障する恐れもあった。このため東急は建設省や首都高速道路公団、東京都、世田谷区などと協議し、玉川線と新玉川線の処遇を早急に決める必要に迫られた。

東急は玉川線を存続しつつ新玉川線を整備するという立場から、玉川線の一時的な地下化を提案した。玉川線の軌道を仮受けして道路を開削し、そこに高架道路の基礎と一体化した鉄道用トンネルを構築。続いて完成したトンネル内に玉川線の軌道を移設し、それによって空いた道路中央部のスペースに首都高速3号線の橋脚と橋桁を整備する。その後、玉川線の軌道を桁下の空間に再度移設し、鉄道用トンネルには新玉川線の線路を敷き直すというものであった。

これに対して首都高速道路公団は、工期や工費の面から難色を示し、玉川線を廃止して代替バスを運行する案を示す。これなら東急案のような複雑な工程を組む必要はなく、工費や工期の大幅な節約にもつながるが、玉川線の存続を前提としていた東急は反発した。

平面移設案を経て最終的に玉川線は廃止へ

そこで公団は、妥協案として玉川線の平面移設を提示する。これは玉川線の軌道を歩道側へ1車線分移設するとともに新玉川線のトンネルを開削工法によって建設。その後、道路中央部の空いたスペースに首都高速3号線の橋脚を建設するというもので、廃止案よりは手間がかかるものの、工程が比較的単純化されていて工期や工費への影響が少ないというメリットがあった。

こうして東急と公団は玉川線の平面移設で合意するが、詳細な協議を進めていくうちに新たな問題が持ち上がった。平面移設で車道が減少し、場所によっては片側1車線しか確保できない部分もあり、道路渋滞の悪化が懸念されたのである。また、平面移設による工費を試算してみたところ、当初の想定以上の費用がかかることも分かった。

そして時代の変化が玉川線に追い打ちをかけた。昭和40年代初頭の路面電車といえば、道路交通の渋滞を招く「邪魔者」という見方が強くなっていた。東京都も自動車交通量の増加で路面電車の運行が困難となっており、それによる経営の悪化を受け、昭和42年（1967）から都電の撤去を本格的に開始している。玉川線の廃止に反対していた東急自体、その存続に疑問を持つようになっていったのである。

こうして東急は昭和43年（1968）8月、（1）首都高速3号線と新玉川線の同時施工区間は大橋～三軒茶屋間などとする、（2）代替バスへの切り替え準備期間は6カ月とする、（3）渋谷駅東口にある都電2系統の発着場を、都電廃止後は東急バスの発着場として利用する、などの条

第3次ルートによる現在の田園都市線。ルートは玉川線とほぼ同じだが、全面的な地下路線に。玉川線は新玉川線の建設を機に廃止された

件付きで、玉川線の廃止を認めるとした協定を関係各所と締結した。

これに伴い、新玉川線のルートも変更され、渋谷～三軒茶屋間は第2次ルート案と同じ玉川通りの地下だが、三軒茶屋～二子玉川園間も全線地下化を求める周辺住民の要望を考慮して蛇崩川高架案を断念し、玉川通り（新町一丁目交差点から瀬田交差点までは旧道）の地下を通るものとした（第3次ルート）。つまり、玉川線と全く同じルートで地下線を整備することになったのである。

銀座線の輸送力不足で標準規格での建設に変更

こうして新玉川線のルートは免許取得後2回の変更を経てようやく確定したが、その一方で規格についても見直しの方向で動いていた。

大井町線延伸部は第1期区間となる溝ノ口～長津田間の工事施行認可を昭和38年（1963）5月に受け、同年10月に起工式を実施。同時に城西南地区の住宅開発事業の名称が「多摩田園都市」に決まり、大井町線も既開業部、延伸部ともに「田園都市線」に改称された。遅々として計画が進まない新玉川線に対して田園都市線延伸部の工事は比較的順調に進み、昭和41年（1966）4月に溝の口～長津田間が開業している。

ところが、田園都市線の都心乗り入れルートとして想定されていた都営三田線は、北側の高島平から順次南下する形で建設が進められており、これが桐ヶ谷に達するには相当な時間を要すると思われた。しかも、都営浅草線が車両基地を西馬込付近に設置することになった関係で、西馬込へのルートは都営三田線ではなく都営浅草線のルートとして整備されることになったため、都営三田線のルートも再考を迫られることになった。その後、都営三田線が港北ニュータウンへの延伸に変更されることになったのは第二章で触れた通りだが、この影響で田園都市線の都心乗り入れルートも再考せざるを得なくなったのである。

そこで東急は、田園都市線の都心乗り入れを早期に実現するため、再び新玉川線への直通を考える。新玉川線は銀座線規格、田園都市線は標準規格という違いがあるが、新玉川線を田園都市線と同じ標準規格に変更すれば直通は可能。しかも、玉川線の処遇で協議が長引いたこともあって、新玉川線の工事は実質手つかずのままであり、規格の変更は依然として可能であった。ただ、標準規格に変更すると、今度は銀座線に乗り入れできなくなる。そのため東急は新玉川線の都心乗り入れの受け皿として、標準規格による新たな地下鉄の建設を関係各所に求めた。

そもそも、銀座線への乗り入れは事実上、不可能となっていた。銀座線は1両あたりの車体の長さが標準規格の鉄道（20メートル）より4メートル短い16メートルで、線内各駅のホームも6

両編成までしか対応していない。路面電車よりは輸送力が大きいものの、普通の鉄道としては輸送力が小さいのだ。

その一方、銀座線は浅草や銀座、新橋、渋谷といった東京でも有数の繁華街を通り、高度経済成長のもとで輸送量が増え続けたため、その輸送力も限界に達していた。このうえ新玉川線からの直通客を受け入れるのは、もはや難しい状況になっていたのである。

銀座線の代わりに都心乗り入れの地下鉄を新たに設定

そこで都市交通審議会は昭和43年（１９６８）４月、銀座線の混雑救済路線として、現在の半《はん》蔵門《ぞうもん》線に相当する東京11号線を新たに盛り込んだ第10号答申を策定した。設定区間は二子玉川園～渋谷～永田町～神保町《じんぼうちょう》～蛎殻町《かきがらちょう》（現在の水天宮前《すいてんぐう》）間で、このうち二子玉川園～渋谷間が東急の建設する新玉川線とし、都心部の渋谷～蛎殻町間は営団地下鉄が建設することになった。規格はもちろん、１０６７ミリメートル軌間と架空線方式による標準規格で、車体長20メートルの電車が10両編成で走ることになった。

東急はこれを受けて、新玉川線の規格変更を昭和44年（１９６９）２月から順次申請。営団地下鉄も同年８月に半蔵門線の免許を申請し、昭和46年（１９７１）４月に免許を取得した。こうして新玉川線の建設は本格化することになり、その前段階として玉川線を昭和44年（1969）5月に廃止。6月から首都高速3号線との共同施工区間（現在の大橋交差点付近から三軒茶屋駅付近まで）を中心に第1期区間として着工した。2年半後の昭和46年（1971）12月には、首都高速3号線渋谷出入口～用賀出入口間の開通にあわせて路盤工事が竣功している。

続いて渋谷駅部分と第1期区間を除いた第2期区間が昭和47年（1972）から着工し、最後に残った渋谷駅部分も営団地下鉄の手により昭和49年（1974）に着工。新玉川線の工事は昭和50年（1975）の春までにほぼ完成し、渋谷駅の完成を待って昭和52年（1977）年4月、新玉川線渋谷～二子玉川園間が開業した。

田園都市線との結びつきが玉川線の名残を消滅させる

新玉川線は開業当初、渋谷～二子玉川園間の線内折返し運転だったが、営団地下鉄半蔵門線渋谷～青山一丁目間が昭和53年（1978）8月に開業すると、同線への乗り入れ運転を開始。これと前後して一部の列車が田園都市線二子玉川園以西にも乗り入れるようになり、昭和54年（1979）8月からは田園都市線～新玉川線～半蔵門線の直通運転が全面的に実施された。逆に田園都市線大井町～二子玉川園間は再び大井町線の名称に戻り、多摩田園都市へのメインアクセス

玉川通りを走る東急バス。玉川通りの上方には高架の高速道路が整備され、「玉電」が運行されていた頃の面影は感じられない

から外れることになった。

こうして新玉川線は、多摩田園都市と渋谷、永田町、大手町という都心主要部を直結するニュータウンアクセス鉄道として成長した。こうなると二子玉川園駅で線名を分ける理由がなく、平成12年（2000）8月には新玉川線を田園都市線に編入している。ここに玉川線の名残を感じさせる名称が、ついに消滅したのである。

ただ、玉川線の名残が完全に消滅したかといえば、そうでもない。玉川線から分岐していた支線のうち、下高井戸線は線路のほぼ全てが道路上ではなく専用の敷地に敷かれていたことから、玉川線の廃止や全国的な路面電車の衰退とは関係なく存続を図ることが容易だった。このため、もともと輸送量が少なかった砧線は玉川線とともに廃止されたのに対し、下高井戸線は線名を世田谷線と変更して現在も地域密着の電車線として運行されている。

銀座線規格で開業していたら混雑率は400パーセント?

路面電車+新線の「複々線化」計画だったはずの新玉川線は、実質的には玉川線の改良路線として開業したが、ニュータウンと都心主要部を直結するルートのため輸送人員は劇的に増加し、今も輸送力が不足がちになっている。国土交通省鉄道局監修『数字でみる鉄道2012』によると、朝ラッシュ時(7時50分~8時50分)の最混雑方向である池尻大橋《いけじりおおはし》→渋谷間は、所定の輸送力である4万2746人に対して実際の輸送人員が7万7661人となっており、混雑率は182パーセント。しかも、この数値はあくまでラッシュ時1時間あたりの平均であり、一部の列車の混雑率は依然として200パーセントを超えているという。

もっとも、見方を変えれば、これでも「まし」といえるかもしれない。田園都市線の1編成あたりの定員(車体長20メートルの10両編成)が約1400人であるのに対し、銀座線の編成定員(同16メートルの6両編成)は約600人だから、仮に新玉川線が銀座線規格で開業し、輸送人員と運転本数が現状並みに推移していたなら、混雑率は単純計算で400パーセントを確実に超える。もちろん、定員の4倍も乗車して列車を安全に運行できるはずはないから、おそらくは開業後すぐに輸送力不足に陥り、新玉川線を補完する「新・新玉川線」の建設が計画されていたことだろう。

新玉川線はルート選定や玉川線の廃止問題などによって開業が大幅に遅れたが、それ故に輸送力の大きい規格に変更する時間を得ることができたともいえる。何が幸いするか分からないものである。

第五章 機種の変更で建設費を減らしたはずの都営大江戸線

かなり小柄な車体の都営大江戸線の電車。当初の計画ではもっと大きな車体になるはずだったが、計画の変更で小さくなった

計画が変更されるのはルートだけではない

一口に鉄道といってもさまざまな規格がある。一般的には、鉄車輪を備えた車両が2本の鉄レール上を走る乗り物が（狭義の）鉄道と呼ばれているが、1本の桁《けた》にまたがって、あるいはぶら下がって走行する「モノレール」、進行方向の誘導はレールなどを使用しつつ、車両の推進にはゴムタイヤを用いる「新交通システム」なども、法律上は鉄道として扱われている。鉄道計画においても、当初は普通の鉄道で建設することが想定されていたが、後にモノレールや新交通システムの整備に変更した例がいくつかある。機種によって輸送力や建設コスト、ランニングコストに違いがあり、想定される輸送量や採算

性の精査に伴って機種を変えることがあるのだ。

東京の中心部を「6の字」の線形で貫き、「地下の山手線」ともいわれる都営地下鉄の大江戸線も、途中で機種を変更した鉄道路線の一つといえるだろう。2本のレール上を走るという点では当初の計画から変わっていないが、車両の推進方式を変更し、それに伴い建設費の節減を図っている。

大江戸線の原型となる京王線連絡の地下鉄計画

東京の地下鉄は昭和31年（1956）8月の都市交通審議会第1号答申で5本の路線が設定され、東京都と帝都高速度交通営団（営団地下鉄、現在の東京地下鉄）が分担して都内の地下鉄整備を行っていた。しかし、経済の高度成長で都心部への輸送需要が急激に増加し、このままでは全線を整備しても輸送力が不足するのではないかと危惧されたことから、都市交通審議会は昭和37年（1962）6月に第6号答申を策定。この答申では5本の地下鉄が追加され、輸送力のさらなる強化を目指した。

この5本の追加路線のうち、東京9号線は京王帝都電鉄（現在の京王電鉄）京王線の芦花《ろか》公園を起点とし、方南町《ほうなんちょう》、新宿、春日町《かすがちょう》、厩橋《うまやばし》、深川を経て麻布に至るルートが設定された。新宿〜

麻布間は飯田橋や汐留《しおどめ》こそ通らないが、現在の大江戸線とよく似たルートである。

しかし、この5路線の追加でも高度経済成長の前には輸送力不足であり、東京圏への人口集中と外延化がさらに進行していた。そこで都市交通審議会は、昭和60年（1985）を目標年次と

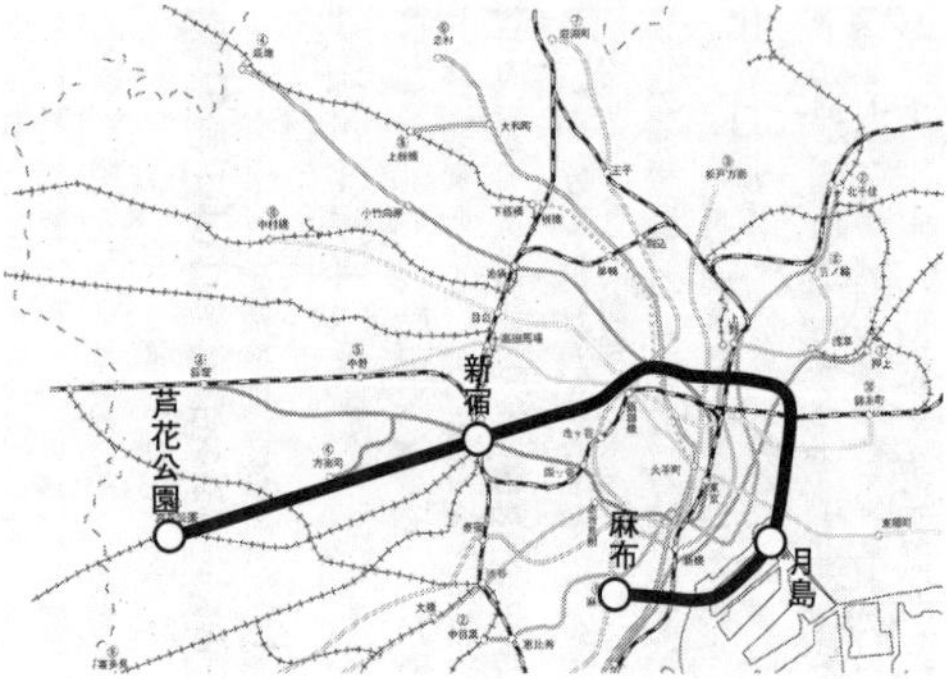

昭和37年（1962）の都市交通審議会第6号答申。芦花公園～麻布間を結ぶ東京９号線のうち、新宿～麻布間は現在の都営大江戸線のルートに似ている

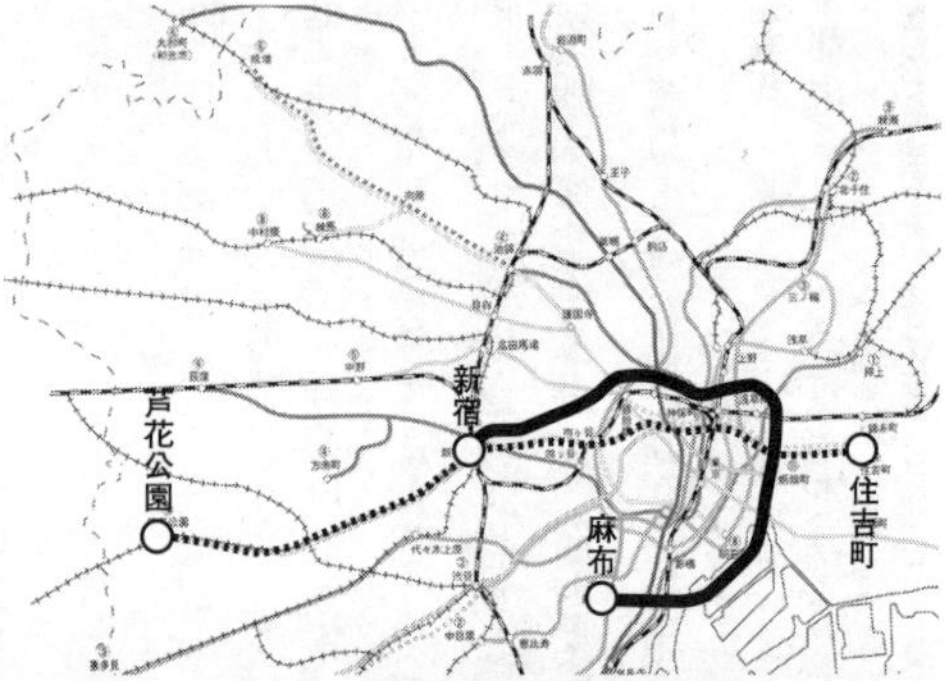

昭和43年（1968）の都市交通審議会第10号答申では、第6号答申における東京９号線が新宿を境に東京10号線と東京12号線に分割され、東京12号線は新宿～麻布間だけになった

した次期答申策定までの「つなぎ」として、昭和43年（1968）4月に第10号答申を取りまとめた。

この答申では、第6号答申における東京9号線の計画を大幅に変更し、芦花公園～新宿間は京王線の複々線化に変更。新宿以東は新たに設定された東京10号線（現在の都営新宿線に相当）新宿～住吉町《すみよしちょう》間との相互直通運転を行うことにした。このため、新宿～麻布間は番号を変え、東京12号線として再設定された。

旧グラントハイツ延伸でユニークな「6の字」に

第10号答申から4年後の昭和47年（1972）3月、本答申となる第15号答申が策定された。この答申では、山手線の外側に延びる路線を中心に設定路線を増やしたほか、既に答申済みの路線についても整備区間を拡大している。このうち東京12号線は、新宿～西大久保～柳町《やなぎちょう》～春日～御徒町《おかちまち》～蔵前～森下《もりした》～清澄町《きよすみちょう》～門前仲町《もんぜんなかちょう》～月島～麻布～六本木～青山一丁目～信濃町《しなのまち》～代々木～新宿～東中野～西落合～練馬～豊島園《としまえん》～高松町間に拡大。さらに高松町から大泉方面への延伸も検討するとした。

現在の光が丘ニュータウンがある高松町は、かつて旧陸軍の成増《なります》飛行場があり、戦後は米軍が

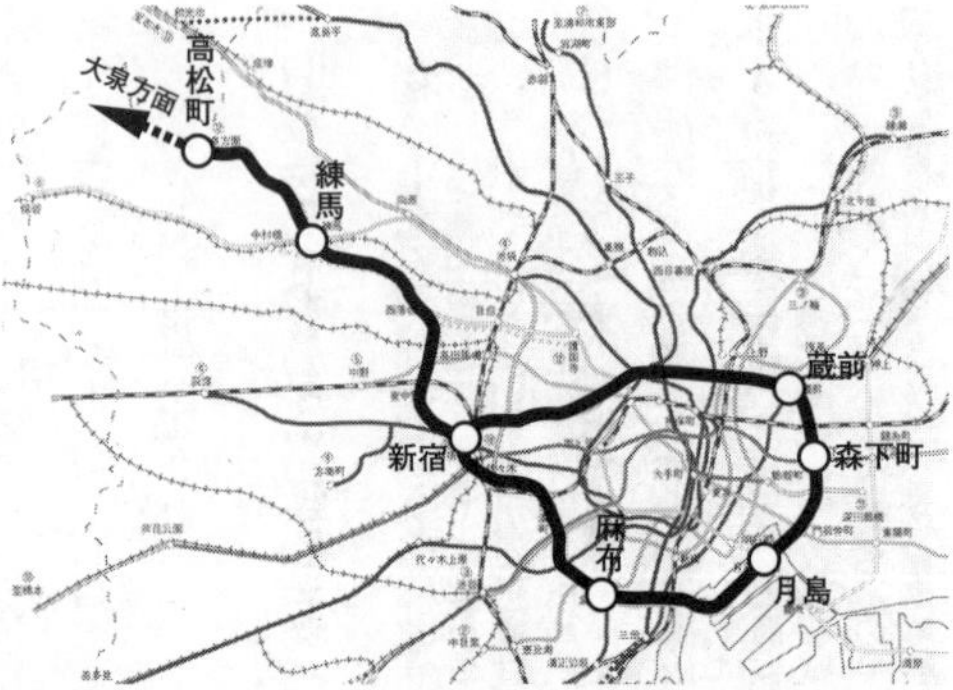

昭和47年（1972）の都市交通審議会第15号答申。東京12号線は麻布からいったん新宿に戻り、そのまま旧グラントハイツの光が丘方面へ延びるルートに拡大。現在の都営大江戸線とほぼ同じルートとなった

接収して空軍の家族宿舎（グラントハイツ）が設けられていた。しかし、１９６０年代の返還運動を契機に接収解除が進み、昭和46年（１９７１）8月には日米両政府が全面返還で合意。翌昭和47年（１９７２）にはグラントハイツ跡地に公園と住宅地を整備する再開発計画が決定された。このため再開発地域にアクセスするための鉄道の整備が必要となり、東京12号線を延伸することにしたのである。

　面白いのは追加された延伸部のルートで、高松町に近い起点側の新宿からではなく、終点側の麻布から起点の新宿に一度戻り、ここから高松町に延伸している。この結果、東京12号線は都心を環状するルートと、郊外へ延びる放射状の路線をつないだ「6の字」の線形になった。

　このようなルートが採用された経緯は不明だが、麻布には国鉄や民鉄のターミナル駅がなく終点としてはやや中途半端な位置にある。そこで、これを新宿まで延伸し、さらに高松町へのアク

セス鉄道の構想が合流して結果的に「6の字」になったのだろう。

都営大江戸線の免許を取得するも財政難から凍結

第15号答申の策定から7カ月後の昭和47年（1972）10月、東京都は都営12号線として西新宿（現在の都庁前）～高松町（現在の光が丘）間の約37キロメートルを結ぶ地下鉄の免許を申請した。これが現在の大江戸線の当初計画である。この時点では軌間を1435ミリメートルとし、車体長20メートルの車両を10両編成で運転する、通常規格の鉄道で建設する計画だった。

その後、東京都は昭和49年（1974）8月に12号線の免許を取得したが、この間に東京都は一つの転機を迎えていた。1号線（現在の都営浅草線）から始まった都営地下鉄の建設事業は、人件費や用地費の高騰などにより事業費も増加し、交通局の財政が悪化。12号線の免許を取得した頃には、新たに地下鉄を建設するだけの資金的な余裕がなくなっていたのである。

そもそも、12号線は他の地下鉄に比べ、整備の緊急性が低かった。当時は郊外の住宅地と都心のオフィス街を結ぶ鉄道路線の混雑が激化しており、これを緩和するための路線の整備が優先的に進められていた。しかし、12号線はグラントハイツ跡地に向かう区間を除けば、郊外の住宅地と直接結ばれているわけではなく、東京都心内をぐるりと回るだけ。そのため想定される輸送人員も少なく、仮に建設費のめどが立ったとしても採算面で難があった。

とはいえ、グラントハイツ跡地には既設の鉄道路線が全くなかったことから、東京都は練馬～光が丘間のみ工事手続きを進めた。とりあえず練馬駅で西武鉄道池袋線との連絡を図ることで、グラントハイツ跡地の再開発計画である光が丘ニュータウンの足を確保することにしたのだ。

しかし、当時の財政事情では、やはり工事に取りかかることができず、東京都は昭和51年（1976）、12号線の建設計画を凍結したのであった。

建設費の節減を目指して小型地下鉄の導入を決定

東京都は都営交通事業の再建を図るため、交通問題対策会議を昭和51年（1976）2月に設置。短期的な当面策と将来的な長期策に分けて、再建策を模索することになった。

対策会議は昭和53年（1978）5月、「都営交通の安定と発展のための方策について」を策定。12号線については「再度、交通需要の予測を行い、路線立地、交通機関の構造、経済性、補助制度などを検討のうえ、建設されるべきである」とした。この「方策」で興味深いのは、再検討を要する項目として「交通機関の構造」に触れている点だ。

戦後の東京の地下鉄建設は、都市交通審議会が第1号答申で掲げた「郊外路線と都心地下鉄路

12号線は建設費の節減を目指して小型地下鉄の導入を検討し、最終的にリニアモーター方式の地下鉄で建設することになった。写真は東京都豊島区の千早フラワー公園に保存されているリニアモーター式地下鉄の試作車

線の相互直通運転」を基本としており、乗り入れ先の郊外路線にあわせた規格で建設が進められていた。ただ、郊外路線の多くは電気の供給方式が架空線方式で、車体長20メートルの車両を10両程度で運転することを基本としている。第4章で述べたように、架空線方式は第三軌条方式に比べてトンネルの幅や高さが大きくなり、それが掘削量の増加という形で建設費を押し上げていたのである。

それでも輸送量が多ければ運賃収入でペイできるかもしれないが、12号線のルートでは想定される輸送人員が小さい。そこで「方策」は、12号線が他線との相互直通運転を想定していないことから、郊外路線とは異なる低コストの「構造」を検討すべきとしたのである。

この提言を受けた東京都は輸送需要を見直し、それに見合った適正規模の交通機関を整備すること、建設費や運営費の節減を図ること、新技術の積極的な導入を図ることの3点を基本方針に据えて再検討を行った。その結果、想定される輸送人員では在来型の地下鉄は過大であることが判明し、建設費は総額の半分を占める土木工事費、つまりトンネルの掘削や構築にかかる費用を節減するのが効果的であることが分かった。そこで東京都は、トンネルの大きさを従来より小さくした「小型地下鉄」を12号線で採用し、掘削量の削減による建設費の節減を目指した。

床下スペースの縮小目指して考案された2つの推進方式

東京都が小型地下鉄の導入を検討し始めた頃、ほかの業界団体や地下鉄事業者などでも小型地下鉄を研究する動きが広がった。地下鉄建設費の高騰は東京以外の都市でも大きな課題となっており、全国的に小型地下鉄実用化の機運が高まっていたためである。全国の地下鉄事業者などで構成される日本地下鉄協会は、昭和55年（1980）の設立直後から小型地下鉄の研究を開始。同年9月には大阪市も小型地下鉄の調査研究委員会を設置している。

地下鉄を小型化する場合、主として車体の小型化と床下スペースの縮小が考えられるが、車体の小型化は客室の居住性を考えると限度がある。そのため、研究は床下スペースの縮小が中心と

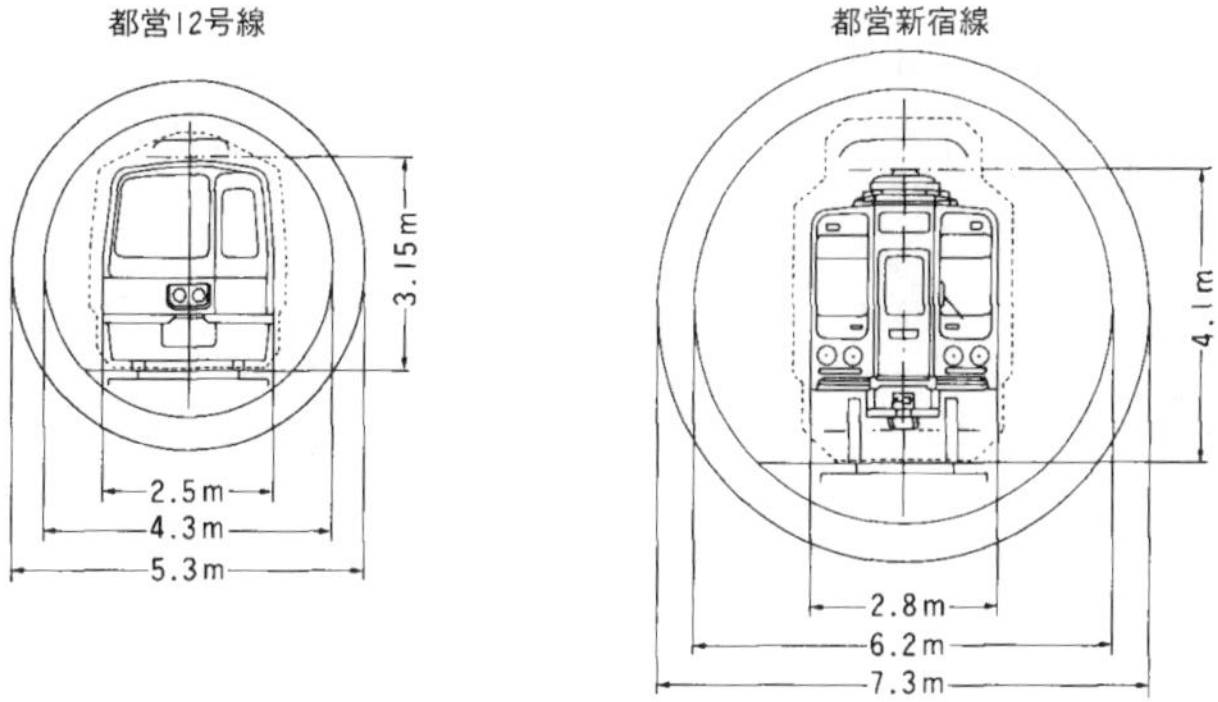

都営12号線（大江戸線）と都営新宿線のトンネル断面図（『東京都交通局80年史』より）。リニア式地下鉄の12号線は新宿線に比べトンネル内径が約2m狭い

なり、とくにモーターの小型化が大きな課題となった。

モーターの小型化研究では、従来の回転式モーターのまま改良する流れと、リニアモーターを採用する流れの2つがあった。回転式モーターの改良は、小型化が容易な三相誘導電動機を採用することで床下スペースの縮小を図るもの。これに対してリニアモーター方式は、車両側に1次コイル、線路側に2次導体（リアクションプレート）を設けてモーターを平面化し、床下スペースの縮小を図るものであった。

当初は回転式モーターの改良とリニアモーターの研究が並行して進められていたが、昭和56年（1981）には日本鉄道技術協会がリニアモーターを活用した小型地下鉄の研究に着手。日本地下鉄協会も昭和59年（1984）からリニア式の実用化の検討を開始し、翌昭和60年（1985）からは運輸省も加わってリニア式の研究が推進された。昭和62年（１９８７）3月下旬には、大阪南港《なんこう》地区に建設された試験線でリニア式の試作車による実験走行も始まっている。

なお、この試作車の車体寸法は幅２４５０ミリメートル、高さ２８００ミリメートルで、線路面から床面までの高さは７００ミリメートル。在来型の地下鉄車両（幅２８００ミリメートル、高さ３７００ミリメートル、床面高さ１２００ミリメートル程度）と比較すると、断面積では約34パーセントの縮小となる。これによりトンネル断面は内径4メートルとされた。

一方、東京都は回転式モーターの改良による小型化を目指し、昭和61年（１９８６）4月から試作車を使った実験走行を実施した。試作車の寸法は２４９９ミリメートル、高さ３０４５ミリメートル、床面高さ８５０ミリメートル。リニア式より若干大きいが、在来型の地下鉄に比べれば大幅に縮小されている。想定されるトンネル断面寸法は内径４・３メートルだった。

小型地下鉄の研究が進むなか、「見切り発車」した大江戸線

回転式とリニア式、この2つの流れで研究が進むなか、東京都はついに、12号線計画の凍結を解除する。

12号線の工事計画は、副都心の新宿から郊外の光が丘に延びる放射状の区間を「放射部」、都心

の環状部分を「環状部」に分けることになり、さらに放射部については末端側の練馬〜光が丘間を第1期工事区間に指定。昭和59年（1984）4月に同区間の工事申請手続きを行った。この申請は翌昭和60年（1985）8月に認可され、これを受けて東京都は昭和61年（1986）6月から工事に着手した。

ここで不可解なのは、小型地下鉄が依然として研究中であるにもかかわらず、工事に着手したこと。回転式とリニア式のどちらを採用するか決まっていないのに「見切り発車」してしまったのである。

この「見切り発車」は、光が丘の再開発事業が関係していると思われる。昭和48年（1973）にグラントハイツの全面返還が完了した光が丘は1970年代末期から再開発が始まり、昭和58年（1983）には一部の住宅地が完成して入居も始まっていた。このため、少なくとも西武池袋線との連絡駅となる練馬駅から光が丘までの区間は早期に建設する必要があり、規格の変更に影響されない部分の工事を先に済ませ、開業までにかかる時間をできるだけ短縮しようとの意図があったのかもしれない。また、トンネルの内径は回転式が4・3メートル、リニア式は4メートルで、掘削にかかる費用も大きな差はない。つまり、4・3メートルで掘削しておけば回転式とリニア式の両方に対応でき、仮に内径の小さいリニア式を採用することになっても、建設費の無駄はほとんど生じないという考えもあったのだろう。

こうしたことから、最終的な機種選定は工事と並行して行われることになり、東京都は有識者で構成される東京都地下鉄建設・経営調査会を昭和61年（1986）4月に設置。このなかで12号線の建設方式や運営形態、機種の選定についても検討が行われることになった。

調査会による検討は同年11月の中間報告を経て、翌昭和62年（1987）3月に最終報告が出された。この報告では回転式とリニア式の2機種を検討対象とし、経済性において両者の差はわずかであること、日本での実用例がないリニア式の採用は慎重な研究開発と十分な試験確認が必要であること、居住性はリニア式が優位だが回転式でも改善できる余地があることなどから、居住性の改善を条件に回転式を基本として計画を進めることが適当と結論づけた。

ところがその一方、最終報告は「(リニア式が) 近い将来実用化の目途が立ち、12号線に採用することが総合的に得策となることが明らかになったときに、その導入が可能なようあらかじめ配慮しておくことが望まれる」ともしており、やや玉虫色の結論となった。

ルートの変更をきっかけにリニア式の採用に方針転換

調査会の最終報告を受け、東京都は昭和62年（1987）4月に地下鉄12号建設推進本部を設

12号線の当初計画ルート（点線）と現在のルート。当初ルートに比べ、現在のルートは迂回（うかい）ルートとなっており、急カーブも多い。急カーブや急勾配に強いリニア式地下鉄の特性を生かしている

置。ここで12号線の基本計画や建設、運営方式に関する具体的な計画をまとめることにした。同年6月には「現在開発されつつあるリニアモータ車両のメリットも大きいので（中略）リニアモータ車両の試験の状況および車両技術の動向等を踏まえ、今後、車両の駆動方式（中略）について、放射部用車両製作の時期までに決定する」などとした建設の基本方針を決定している。

その後、交通局は昭和63年（１９８８）に試作車をリニア式に改造して走行試験を実施し、実用上の支障がないことを確認した。こうして建設推進本部は同年12月、リニア式で12号線の整備を図ることを正式に決定。平成元年（１９８９）11月にリニア式による工事計画変更手続きを行い、翌平成2年（１９９０）3月に認可された。

それまで回転式による小型地下鉄の研究を進めてきた東京都が、ここにきてリニア式の採用に舵を切ったのは、

12号線のルート変更が影響していると思われる。実は調査会の中間報告では、昭和49年（1974）の免許取得から12年が経過していることから、後に決定した新宿への都庁移転などの再開発計画も考慮してルートと駅位置の再検討を実施しており、新宿、飯田橋、汐留、六本木、厩橋、浜松町～赤羽橋間、代々木～国立競技場間の各付近でルートの変更が必要であるとしていた。

ただし、これらのルート変更を盛り込もうとすると、急勾配や急カーブの連続となる。鉄レールと鉄車輪の組み合わせによる鉄道は摩擦力が小さく、小さいエネルギーで大量の人や物資を運べるという利点があるが、その一方で急勾配には弱いという短所があるため、通常の回転式モーターでは急勾配で十分な速度を出せない。その点、リニア式は駆動力を車輪からレールに伝えるわけではないことから勾配に強い。また、推進力を車軸に伝えるための複雑な機構もないからステアリング機構の採用が容易となり、かなりの急カーブでも走行できる。こうしたリニア式の利点が、ルートの変更によって評価されたのであろう。

機種が決定したことにより、練馬～光が丘間以外の区間も着工に向けた動きが本格化した。放射部の新宿～練馬間は平成2年（1990）2月の工事計画認可を経て同年8月に着工。一方、環状部は第三セクターの東京都地下鉄建設を建設主体として完成後に線路施設を東京都に譲渡することになり、平成4年（1992）2月から工事に着手している。

なお、ルートの変更で一部区間の距離が延びており、最終的な営業距離は環状部の都庁前〜新宿間が約28キロメートル、放射部の新宿〜練馬〜光が丘間が約13キロメートルとなった。

小型化による建設費の節減は別の要因が災いして帳消しに

工事が先行していた放射部第1期工事区間の練馬〜光が丘間は、平成3年（1991）12月に開業を迎えた。調査会の最終報告による開業時期は平成2年度末であったが、豊島園駅で用地買収が難航したため9カ月遅れの開業となっている。いずれにせよ、リニア式ミニ地下鉄は前年3月に開業した大阪市営地下鉄の鶴見緑地線（現在の長堀鶴見緑地線）に次ぐ2例目で、首都圏では初の事例となった。

その後、放射部は新宿〜練馬間が平成9年（1997）12月に開業。環状部は平成12年（2000）4月に国立競技場〜新宿間、12月に都庁前〜国立競技場間が順次開業して全線開業を迎えた。なお、国立競技場〜新宿間の開業にあわせ、現在の「大江戸線」が12号線の路線名称として採用されている。

こうして免許の取得から26年の歳月を経て、ようやく全線開業を迎えたが、その輸送状況は芳しくない。調査会の最終報告では1日あたりの輸送人員を全線開業時で98万5000人、開業10

年後で121万3000人を見込んでいたが、実際は平成13年度（2000）が51万人で、当初見込みの半分ほど。その後は利用者が増え続けており、平成24年度（2011）では82万5666人となったが、それでも当初の見込みより大幅に少ない。

その一方、地価の高騰やほかの都市施設との交差協議の難航、工事の遅れなどが災いし、建設費も大幅に増加した。調査会の最終報告では、放射部2640億円、環状部5850億円としていたが、最終的には放射部が約34パーセント増の3989億円、環状部が約41パーセント増の9886億円にまで膨れあがり、交通局の財政事情を一層悪化させている。もちろん、この数字だけでリニア式ミニ地下鉄を採用するメリットがないと判断するのは早計で、同じルートと工事期間で在来型の地下鉄を建設していれば、建設費はさらに膨らんでいただろう。とはいえ、小型化によって節減されたはずの分が、工期の遅れなどによって帳消しになった格好ではある。

リニア式ミニ地下鉄は、多大な費用のかかる都市交通システムをできるだけ安く建設するための手段の一つとして考案された。しかし実際にできあがってみると、ルート設定や需要予測の失敗、あるいは支援制度の不備や建設費の高騰など別の要因に大きく左右され、小型化のメリットが十分に生かされていない感じがする。

それは逆にいえば、「大型か小型か」、あるいは「回転式かリニア式か」などといった小手先の対策は、もはや意味がないということを暗に示しているといえるかもしれない。建設費の支援制度の充実はもちろんこと、鉄道の建設が本当に必要かどうかを正確に判断できる事前調査システムの高度化が必要になっているといえるだろう。

全線開業直前に見られた線名変更の顛末

最後に、やや蛇足ではあるが、大江戸線という線名の経緯についても触れておきたい。実はこの線名にも、計画の変転があるのだ。

都営地下鉄は以前、都市交通審議会の答申における路線番号をそのまま路線の名称としていたが、昭和53年（1978）7月、線内の主要駅にちなんだ名称を新たに定め、1号線は浅草線、6号線は三田線、10号線は新宿線とされた。ところが、平成3年（1991）に練馬〜光が丘間が先行開業した12号線は路線名称が定められず、案内上も「12号線」をそのまま使用している。これは全線開業時に路線名称を設定することになったためで、全線開業を1年後に控えた平成11年（1999）8月、交通局が路線名称の公募を実施している。応募総数は当初見込みの3倍となる約3万件で、「麻布線」「いちょう線」「大江戸線」「環状線」「光都線」「下町線」「新光線」「新都心線」「東京線」「都庁線」「練馬線」「光が丘線」「両国線」「6の字線」「六本木線」などの名称が上位になったという。

その後、交通局は文化人などで構成される名称選考委員会を設置して検討。環状部が江戸時代の市街地を通ることから、委員会では「大江戸線」を推す声が強かったものの、「大江戸は前近代的」などとして反対する意見もあり、最終的には「東京環状線」が選定されたという。

この決定は同年11月29日に一部新聞で報じられ、12月中には交通局も正式に発表するはずであった。ところが、11月30日に交通局が当時の石原慎太郎知事に名称の決定を報告すると、「環状でもないのに、環状という名はおかしい」と難色を示したことから選考がやり直され、約2週間後の12月15日、大江戸線に「変更」することが正式に決まったのであった。

12号線は免許取得当初から6の字運転で計画されており、環状運転は基本的に考えられていなかった。ただ、工事区間を「環状部」「放射部」という名称で分けたため、環状部＝環状運転が実施されると誤解していた人も当時は多かった。その点において、知事の判断は適切であったといえるだろう。

ただし、知事が難色を示したのは別の背景もあったと思われる。公募が始まる前の7月6日、12号線の建設費が大幅に増えたことについて、知事は明確な根拠がないまま「談合によって余計な金がかかっている」と発言。これが「談合の事実を知事が認めた」として都議会で問題になり、

7月12日には「談合」発言を事実上撤回している。また、知事は12号線の工事現場を視察した際、環状運転の実施を提案したが、交通局は路線の構造上無理があるとして従わなかった。こうした都議会や交通局との確執が、路線名称の選定報告で「爆発」した面もありそうだ。

ちなみに、「難色」を示してから数日後の定例記者会見（12月3日）で、知事は交通局を厳しく批判している。「交通局は環状線と言いながら違うものを造ってしまった責任がある。それを『環状線』という名前をつけて糊塗しようたってそうはいかない。てめえらの責任を糊塗するようなミスリードしたわけだろう。私がこれから何年知事やるか知らないけれど、二十年、三十年でも、やる限りはこういうことを許さない」（平成11年12月4日付中日新聞）。

線名の選定はこれで済んだが、もしも回転式からリニア式への変更が石原知事の就任後であったら、彼はどのような判断を下していたのだろうか。

第六章

ローカル線から
在来線最速幹線に変更された
北越急行ほくほく線

JR以外の路線を経由する東京〜北陸の鉄道ルート

平成26年（2014）1月現在、東京と北陸を結ぶ鉄道ルートは、上越新幹線で新潟県の越後湯沢に向かい、ここで金沢行きの在来線特急『はくたか』に乗り換えるのが一般的だ。上越新幹線はJR東日本の鉄道路線で、『はくたか』もJR東日本の越後湯沢駅とJR西日本の金沢駅を結んでいる。乗客の多くは「JRだけを利用している」と思っているのではないだろうか。

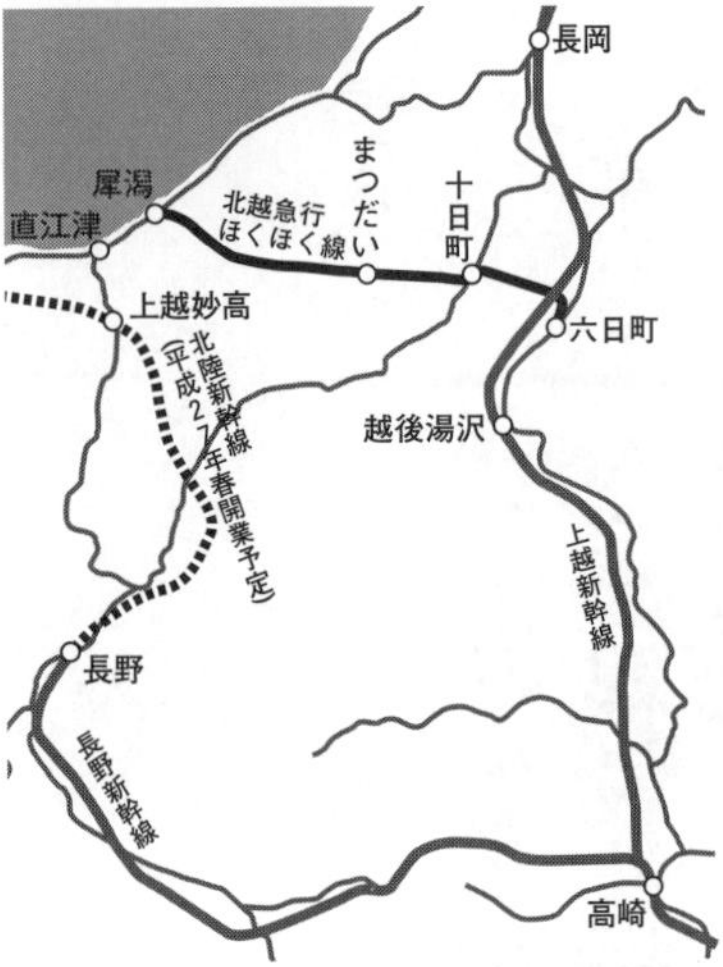

現況図　ほくほく線とその周辺の鉄道路線。ほくほく線は首都圏と北陸地方の短絡ルートを構成している

しかし、『はくたか』の走行区間はJR在来線だけではない。越後湯沢駅から約20キロメートル先の六日町《むいかまち》駅まではJR東日本が運営している上越線を走るが、ここから日本海側にある犀潟《さいがた》駅までは、新潟県の第三セクター鉄道「北越急行」が運営しているほくほく線を走る。そして犀潟駅からは再びJR線となり、JR東日本の信越本線を少し走った後、直江津からはJR西日本の北陸本線に入

新潟県南部の山あいを走る北越急行ほくほく線。本来なら典型的なローカル線のはずだが、上越新幹線に連絡して首都圏と北陸を結ぶ特急『はくたか』が最高時速160キロメートルで走り抜ける

って富山や金沢を結んでいる。

北越急行ほくほく線は新潟県南部の険しい山岳地帯を通っているため、沿線は「超」が付くほどの過疎地帯であり、本来なら赤字経営に悩まされるローカル線でしかない。線路にしても他の一般的なローカル線と同様、上り列車と下り列車が1本の線路を共同で使う単線になっている。

ところが、ほくほく線は線路こそ単線だが電化されており、しかもレールや路盤が新幹線並みに強化されていて高速運転が可能。特急『はくたか』も前後のJR在来線では最高速度が時速130キロメートルに抑えられているが、ほくほく線内では時速160キロメートルという、新幹線よりちょっと遅いくらいの速度で走り抜けている。

過疎地の単線ローカル線であるはずなのに、なぜ

ほくほく線を走る普通列車の先頭から線路を眺めると単線だが、新幹線と同等のコンクリート路盤が整備されている

新幹線に準じた高速鉄道が整備されたのか。そこにはやはり、その時々の政治情勢や社会情勢に振り回された計画変更の歴史があった。

昭和初期から建設運動が始まったほくほく線

「この不便な山間地を開くには鉄道を貫通させせなくては」……これは昭和6年（1931）、取材で新潟県の東頸城《くびき》地方を訪れた朝日新聞の記者が、松代《まつだい》村（現在の十日町市松代）に立ち寄った際に言い残したとされる言葉である。

松代で乗合自動車会社を経営していた柳常次と市川庄一郎は、この新聞記者の言葉に刺激され、翌昭和7年（1932）8月に大島村（現在の上越市大島区）出身の武田徳三郎衆院議員らの協力を得て、新黒井《しんくろい》～浦川原《うらがわら》間を結ぶ頸城鉄道（現在は廃止）の延伸路線として東頸城縦貫鉄道の建設を国会に請願した。これが北越急行ほくほく線の建設運動の始まりである。

昭和10年（1935）に「北越鉄道敷設に関する請願」が提出されると国も建設に向けて動き出し、翌昭和11年（1936）の帝国議会で請願が採択されて路線調査に着手する。それから8年後の昭和19年（1944）には、当時建設が進められていた十日町～国鉄千手《せんじゅ》発電所間の資材運搬用の鉄道を松代まで延伸するための予算が計上されるが、翌年の終戦によりこの計画は中止されてしまった。

戦後の建設運動は「南北戦争」で頓挫

戦後になると、昭和25年（1950）9月に高田市《たかだ》（現在の上越市）など沿線1市5郡による「北陸上越連絡鉄道（上越西線）期成同盟会」が発足する。ちなみに「上越西線」という名称は上越線の西側に延びる路線を意味するもので、この時点ではほくほく線という線名は使われていない。

当時の国鉄線は、大正11年（1922）に制定された、いわゆる改正鉄道敷設法と呼ばれる法律に基づいて建設されており、同法の別表には国鉄が建設・運営すべき路線（予定線）の起点と終点、経由地が定められていた。上越西線は同法の制定時には盛り込まれていなかったが、法律を改正すれば予定線として盛り込むことも可能。このため沿線の市町村は、まず上越西線の予定線昇格を目指して運動を展開することにした。

しかし、沿線市町村は一枚岩ではなかった。この頃、上越西線のルートとして考えられていたのは越後湯沢〜松之山〜直江津間の南線ルートと、六日町〜十日町〜直江津間の北線ルートの2案があり、それぞれの市町村が「南線派」と「北線派」に分かれて激しく対立するようになってしまったのだ。この対立は後に「南北戦争」と揶揄《やゆ》された。

鉄道敷設法に基づく予定線の新規追加にあたっては、国の諮問機関である鉄道審議会による検討を経て決定される手順を踏んでいたが、上越西線については南北両派の対立が仇となり、昭和28年（1953）2月の第9回鉄道建設審議会で上越西線の予定線追加が保留になってしまう。

このため新潟県知事の岡田正平は、同年9月の期成同盟会で北線ルートによる建設の裁定を示したものの、「岡田裁定」に反発した南線派の町村長は全員欠席するという事態となり、その後も富山・石川・福井の北陸3県も巻き込んだ南北両派の争いが続いた。

「国鉄一任」で北線ルートに一本化

事態がようやく収まったのは、約10年が経った昭和37年（1962）2月のこと。沿線市町村は上越西線の建設促進のため運動の一本化に向けて協力することで合意し、懸案のルートは国鉄に一任することになった。こうして同年5月、鉄道敷設法の別表に「新潟県直江津ヨリ松代附近ヲ経テ六日町ニ至ル鉄道及松代附近ヨリ分岐シテ湯沢ニ至ル鉄道」が追加され、南北両線が予定線に昇格した。

沿線自治体はこれを受けて、これまでの上越西線期成同盟会を解消し、翌38年（1963）6月に「北越線連合期成同盟会」を発足させる。こうして南線ルートは「北越南線」、北線ルートは「北越北線」と呼ばれるようになった。

ちょうどこの頃、日本鉄道建設公団（鉄道公団、現在の鉄道建設・運輸施設整備支援機構）が昭和39年（1964）3月に設立され、国鉄の新線建設事業の大半は鉄道公団が引き継ぐことになった。北越北線と北越南線も例外ではなく、翌月には鉄道公団の基本計画に両線が調査線として盛り込まれた。

それから3カ月後の6月、鉄道建設審議会で北越北線を工事線とすることが決定。鉄道公団が同線を地方幹線として建設することになり、まず昭和43年（1968）3月に六日町〜十日町間の工事実施計画が認可され、同年8月に着工。続いて昭和47年（1972）10月には十日町〜犀潟間も工事実施計画が認可されて翌昭和48年（1973）3月に着工し、全線での工事が開始された。北線ルートも南線ルートも沿線に大きな都市はないものの、北越北線は比較的人口の多い六日町（現在の南魚沼市《みなみうおぬまし》）と十日町市、上越市を直結するルートであり、それが北線ルートの採用につながった。

非電化単線のローカル線だが「新幹線的」な直線ルート

北越北線は当時の計画では非電化単線とされていたが、実際には将来の電化に対応できるよう、トンネル断面を広く取って架線を後から追加できるようにしていた。沿線は過疎地帯ではあるものの、上越線と北陸方面を短絡するルートになるから、首都圏と北陸圏を結ぶ都市間ルートとして将来発展する可能性を考慮したためだろう。

一方、北越北線が通る南魚沼地方から東頸城地方にかけては険しい山岳地帯が続き、かつ世界有数の豪雪地帯でもあることから、長大トンネルで山岳地帯を一気に貫く直線的なルートを採用することになった。どちらかといえばローカル線というより、新幹線に近いイメージだ。

トンネルばかりの路線だから車窓は楽しめないが、かといって険しい山岳地帯でトンネル区間を減らすと急勾配や急カーブの連続になり、鉄道の特性の一つである安定した高速運転が難しくなる。実際、この頃に鉄道公団が建設した国鉄ローカル線の多くは、可能な限り直線的なトンネ

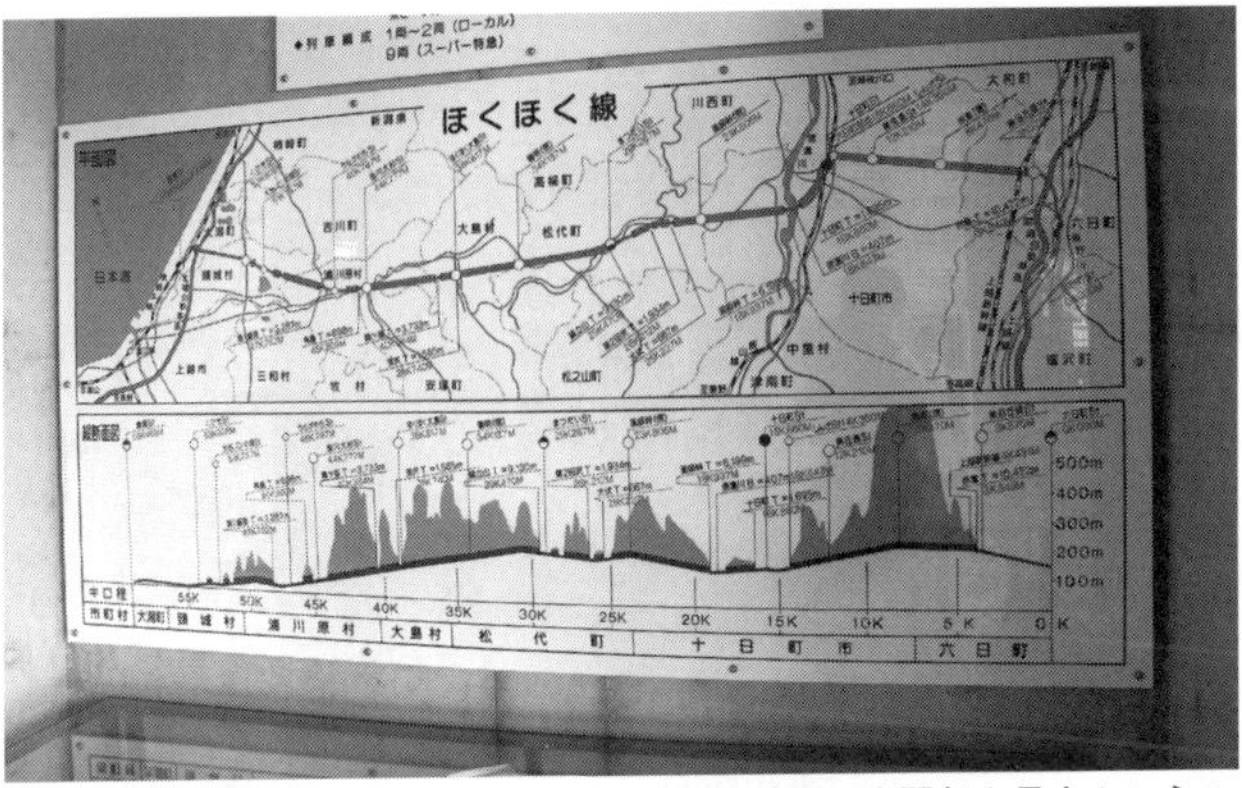

まつだい駅に展示されているほくほく線の路線図。山間部を長大トンネルで一直線に通り抜けているのが分かる。この「線形」がほくほく線をローカル線から高速鉄道に生まれ変わらせるきっかけになった

ルを掘って、急勾配や急カーブを避けたルートで建設されている。

とくに北越北線の場合、首都圏と北陸圏を結ぶ都市間ルートになる可能性があったため、高速運転が困難なルートを採用するわけにはいかなかった。また、トンネルが多くなればなるほど除雪が必要となる部分も減り、冬季の安定輸送につながるといった側面もあった。

それに、トンネルを掘削する技術は戦前に比べ、格段に進歩していた。これらの状況を考えると、トンネルを避けて用地買収に時間とお金をかけるよりは、トンネルを建設した方がトータルで見れば工期や工費を節約できるという事情もあった。

こうして北越北線は、単線非電化の計画でありながら、電化に対応した長大トンネルが連続する直線的なルートとなり、ローカル線のイメージと新幹線のイメ

ージが混じる、やや特異な計画となった。このことが後に北越北線の運命を大きく変えることになろうとは、このとき誰も予想していなかったに違いない。

東京と北陸を直結するもう一つの高速鉄道構想

北越北線の建設が具体化していくなか、東京〜北陸間ではもう一つの鉄道路線が姿を現そうとしていた。東京から北回りで大阪を結ぶ、新幹線の建設構想である。

国や国鉄は東海道新幹線の成功をきっかけに、新幹線による全国高速鉄道網の構築を構想するようになる。昭和45年（1970）には、国が主体となって新幹線ネットワークの整備を図るための法律として全国新幹線鉄道整備法が制定され、まず東北・上越・成田3新幹線の建設が昭和46年（1971）に決定。続いて昭和47年（1972）には、後に「整備新幹線」と通称される北陸新幹線（東京都〜長野市〜富山市〜大阪市）など5線の基本計画が決定した。

これにより東京〜北陸間の鉄道計画は、北越北線の整備による在来線の短絡ルートと、北陸新幹線の整備による高速鉄道ルートの2系統が存在することになった。明らかに競合関係となる交通インフラを整備するのだから、今から考えれば無駄としか言いようがないが、当時は依然として高度経済成長のさなかにあり、競合する交通インフラを複数建設しても何とかなるという考えがあったのだろう。また、東京～北陸間の旅客輸送は北陸新幹線、貨物輸送は北越北線という役割分担も考えられていた。

しかし、北陸新幹線をはじめとした整備新幹線は、昭和48年（１９７３）11月に整備計画が決定されたものの、ほぼ同時期に起こった第一次石油ショックの影響を受け、着工は延期されてしまうことになる。

遅々として進まなかった北越北線の工事と中断

一方、北越北線の工事は北陸新幹線のつまずきを尻目に進められていくが、工事のスピードはかなり遅かった。これは当時、同線が全国各地で建設が進められていた国鉄ローカル線の一つでしかなく、１線あたりの建設予算が限られていたこと、北越北線は軟弱地盤地帯を通るため、トンネルの掘削が難航していたことなどが挙げられる。

そのうえ、国鉄の経営悪化を受けて、昭和55年（１９８０）12月に日本国有鉄道経営再建促進特別措置法（国鉄再建法）が公布される。この法律では、１日１キロメートル平均の旅客輸送人員（輸送密度）が４０００人に満たない国鉄線は原則としてバス転換するか、第三セクターなど国鉄以外の事業者に経営を引き継がせることになっていた。

くびき駅を通過する特急『はくたか』。単線のため多くの駅は線路を2本に増やし、反対方向の列車を待避させて列車を交換できるようにしている

国鉄ローカル線が同法に基づき整理されることになったため、鉄道公団が各地で建設を進めていた国鉄新線も「4000人」という基準に準じて整理することになった。当時、北越北線の輸送密度は1600人と見込まれており、4000人にはほど遠い。こうしたことから北越北線も、第三セクターなど国鉄以外の事業者が開業後の経営を引き受けない限り、工事予算が凍結されることになってしまったのである。

しかし、新潟県や沿線の市町村は、第三セクター化に興味を示すことはなかった。これには運営に対する不安もさることながら、当時の田中角栄元首相が「これ（北越北線）だけは特別だ。貨物幹線としてやらせるから大丈夫だ」と言い切り、「当時は国鉄の手でやらせるという角さん（＝田中角栄）の音頭一色で（第三セクター化）は見向きもされなかった」（当時の衆議院議員白川勝彦）ことが背景にあると思われる（昭和59年5月16日付新潟日報朝刊）。しかし、昭和57年（1982）3月には完成施設の保安措置完了に伴い工事は全面的に中止。国鉄新線としての工事再開にはならなかった。

そして北越北線の工事中止から半年後の9月、着工の見合わせが続いていた北陸新幹線を含む整備新幹線も、国鉄の経営悪化を受けて着工凍結が閣議決定される。東京と北陸を結ぶはずだった2つの鉄道計画は、もはや風前の灯火《ともしび》であった。

田中角栄の方針転換発言で急転直下の第三セクター化

北越北線の工事中止から約1年後の昭和58年（1983）6月。東京で開かれた北越北線建設期成同盟会では、想定外の事態に驚きと困惑の色が広がっていた。

本来は出席する予定のなかった田中角栄元首相が突然出席したばかりでなく、「貨物幹線として国鉄にやらせる」としてきた従来の考えを撤回して「今は第三セクターでやらんと片付かん。知事を中心にやれ」とぶちあげたのである。

田中の発言は、新潟県と北越北線沿線の市町村を混乱させた。財政への影響を懸念した新潟県の君健男《きみたけお》知事は、第三セクター化に慎重な態度を取るが、期成同盟会の会長を務めていた十日町市の諸里正典市長は、田中の発言に呼応して第三セクター化を目指し、独断で国や鉄道公団などとの接触を重ねていく。

上越市の植木公市長は、北陸新幹線と競合する北越北線の経営を引き受けることに不安を持つ一方、期成同盟会の副会長としての立場から、はっきりした考えを示さずにいた。また、期成同盟会に参加する他の町村長は、諸里の独断専行の動きに不満を持っていたといわれる。こうして北越北線の第三セクター化を巡る議論は、かつての「南北戦争」さながらの、県と市町村の対立を招きかねない状況に陥ってしまったのである。

しかし、年が明けて昭和59年（1984）の5月になると、事態は急変。それまで一貫して慎重な態度を取ってきた新潟県が第三セクター化推進の方針に転換し、僅か3カ月後の8月には、新潟県や沿線市町村などが出資する第三セクター「北越急行株式会社」が設立されている。

新潟県が「急変」した舞台裏がどうなっていたのか、今もはっきりしない部分が多い。当時の新潟日報など地元紙の報道によれば、諸里市長が田中元首相の政治力を背景に立ち回り、君知事を追い込んだという政治的な駆け引きが伝えられている。また、新潟県では北越北線の経営が成り立たないことを証明するために、民間のコンサルタント会社に経営調査を依頼していたが、「開業から5年後に単年度黒字、10年後には累積赤字も解消」という調査結果が出され、逆に県の

「逃げ道」を塞ぐ格好になってしまったことも大きかったようである。
ともあれ、北越北線は第三セクター化に向けて動き出すことになり、北越急行は昭和60年（1985）2月、鉄道営業免許と工事の認可を受け、翌3月には鉄道公団によって工事が再開された。

整備新幹線問題で浮上した北越北線の高速化計画

第三セクター鉄道として北越北線の工事が再開された時点では、非電化単線の旅客専用鉄道として計画し直され、田中元首相がかつて主張していた貨物幹線の位置づけは消滅している。また、一部の列車は国鉄の上越線と信越本線に乗り入れて越後湯沢〜直江津間の運転とし、上越新幹線との連絡を図るものとした。開業予定時期は工事再開から6年後の「昭和66年」、つまり平成3年（1991）4月に設定された。

こうしたなか、着工すらできない状態が続いていた北陸新幹線も、国鉄の分割民営化を契機に動き出す。JR発足直前の昭和62年（1987）1月には、整備新幹線の着工凍結の解除が閣議決定され、具体的な建設計画の議論が始まる。しかし、財政上の問題から建設費を極力抑えることが求められたため、運輸省（現在の国土交通省）は整備新幹線の「暫定整備計画案」を昭和63年（1988）8月に取りまとめた。

この案は既設の在来線の施設を活用することによって、建設コストの軽減を図りつつ高速鉄道網を構築することを狙ったもので、北陸新幹線では高崎〜軽井沢間を従来型の新幹線規格（フル規格）とし、軽井沢〜長野間は信越本線に標準軌を併設して新幹線の列車を乗り入れさせる新幹線鉄道直通線（ミニ新幹線）、糸魚川《いといがわ》〜魚津《うおづ》間と高岡〜金沢間はフル規格の路盤に在来線と同じ狭軌の線路を敷いて、在来線特急を高速で走らせる新幹線鉄道規格新線（スーパー特急方式）を整備するものとした。

ただ、これだけでは線形の悪い信越本線長野〜直江津間がそのまま残ってしまい、所要時間の短縮効果が薄い。かといってこの区間にフル規格の新幹線を整備するのは、建設費を抑えつつ高速鉄道網の構築を図るという暫定整備計画案の趣旨にそぐわない。そこで考え出されたのが、既に工事が進められていた北越北線の活用であった。

既に述べているように、北越北線は非電化単線を前提に建設が進められていたが、電化にも対応した規格。しかも線形がほぼ直線であることから、僅かな費用を追加することでスーパー特急方式並みの高速化を図ることが比較的容易であった。そこで暫定整備計画案では、北越北線も整備新幹線の計画に組み込んで電化・高規格化し、上越新幹線との連絡を図る北越北線経由の在来線特急を越後湯沢〜六日町〜犀潟〜直江津〜北陸方面で運転することによって、東京〜北陸間の所要時間の短縮を図ることにしたのであった。

整備新幹線とは「別枠」で高速化工事が追加される

豪雪地帯の地域輸送を担う非電化単線のローカル線から、東京〜北陸間の長距離流動を担う高速幹線への昇格。運輸省の暫定整備計画案に対し、北越北線沿線の市町村は経営の安定化を図ることができると色めき立つが、その一方で富山・石川・福井の北陸各県は反発する。

スーパー特急方式といっても、所詮はフル規格新幹線の運転速度には及ぶべくもなく、しかも越後湯沢での乗り換えが前提では、当時の首都圏と北陸圏を結ぶ主要鉄道ルートだった上越新幹線〜信越本線〜北陸本線ルート（長岡乗り換え）と使い勝手は大して変わらない。東京との直結や大幅な時間短縮を期待して新幹線の建設を求めてきた北陸各県としては、北越北線の整備新幹線計画への組み込みは到底認められなかった。

このため、北越北線の整備新幹線計画への組み込みは見送られてしまうが、平成元年（1989）には「幹線鉄道等活性化事業」として、整備新幹線とは「別枠」で北越北線の電化・高規格化を図ることが決定。同年6月に北越北線の計画変更が認可され、電化・高規格化工事が始まった。実質的には、暫定整備計画案通りに話が進んだことになる。

しかし、この工事の追加によって開業予定時期は平成8年（1996）春に変更されてしまい、その後もトンネル工事の遅れによって開業時期はさらに先延ばしにされていく。最終的に全ての工事を終えて開業したのは、工事再開時点の開業予定年から6年後のことであった。

ちなみに、北越北線の開業時の線名である「ほくほく線」が決められたのは平成4年（1992）のこと。多くの鉄道新線では、開業の1～2年ほど前に正式な線名や愛称を決定しているが、ほくほく線の場合は開業の5年前に線名が決まったことになる。これなども、開業の大幅な遅延が影響した結果といえるだろう。

65年の歳月を経てようやく開業したほくほく線

北陸新幹線は平成元年（1989）8月に高崎～軽井沢間が暫定整備計画案と同じフル規格で着工したが、ミニ新幹線とされた軽井沢～長野間も、長野オリンピックの開催が決定したことからフル規格に変更され、平成3年（1991）9月に着工した。

一方、スーパー特急方式とされた長野以北の2区間では、高岡～金沢間が建設区間を石動《いするぎ》～金沢間に変更して平成2年（1990）8月に着工。続いて平成5年（1993）10月には糸魚川～魚津間が着工し、予算上は別枠となった北越北線とともに、当初の暫定整備計画案にほぼ沿っ

飯山線との連絡駅になっている十日町駅。当初の計画では地上に線路とホームを設置して飯山線の線路に繋げる予定だったが、高規格化工事の追加に伴い高架駅に変更。飯山線の線路とは繋がらなかった

た形での建設が進められていった。北陸新幹線沿線の自治体としては、必ずしも納得のいくものではなかったようだが、スーパー特急方式の路盤は基本的にはフル規格のそれと同一であり、線路の幅を変えればそのままフル規格新幹線に転用できることから、将来のフル規格導入に向けた段階的整備という位置づけで妥協したものといえるだろう。

こうして平成９年（１９９７）３月22日、昭和初期の建設運動から65年の時を経て、約60キロメートルに及ぶ北越急行ほくほく線六日町～犀潟間が開業。これにあわせてＪＲもダイヤ改正を実施し、ほくほく線経由の特急『はくたか』が運転を開始する。ほくほく線内での最高速度は時速１４０キロメートル（現在は１６０キロメートル）で、越後湯沢～金沢間の所要時間は最速２時間28分。越後湯沢駅での乗り換え時間を含む東京～金沢間では最速３時間43分となり、長岡経由より15分短縮された。

北陸新幹線は高崎〜金沢間がフル規格整備に順次変更へ

それから7カ月後の10月1日、北陸新幹線も高崎〜長野間のみ部分開業し、東京〜長野間を結ぶ『あさま』が運転を開始した。しかし、ここで面倒なことになったのが、北陸新幹線という路線名だ。

この時点で北陸新幹線は信州・長野までの開業であり、北陸地方には一歩も足を踏み入れていない。一方で首都圏と北陸地方を結ぶ鉄道ルートは従来通り、越後湯沢乗り換えの上越新幹線〜ほくほく線ルートが維持される。つまり、東京から鉄道を使って北陸地方に向かう場合、「北陸」を名乗る新幹線ではなく、「北陸」を名乗らない新幹線を使わなくてはならないのである。これでは誤って北陸新幹線に乗ってしまう人が続出する恐れがある。

こうしたことからJR東日本は、北陸新幹線高崎〜長野間を案内上、「長野新幹線」と呼ぶことにした。ただ、この名称に対して北陸各県は「北陸新幹線の建設は長野で終わり」というイメージが植え付けられるとの懸念を表明したため、JR東日本は当初、長野行きの下り列車を「長野行新幹線」と案内し、東京行きの上り列車は単に「新幹線」と案内した。

こうして残るはスーパー特急方式で建設が進む2区間のみとなったが、この間もフル規格によ

平成27年（2015）春の開業を目指して準備が進む北陸新幹線。この新幹線ができると在来線特急『はくたか』は北陸新幹線の列車になり、ほくほく線から特急が消滅する

る全線開業を望む北陸各県の声は収まらなかった。

結局、政治情勢の変化に伴って整備新幹線の建設スキーム（枠組み計画）の見直しが行われるたびにフル規格着工区間が「延伸」され、平成10年（1998）3月に長野～上越妙高間、平成13年（2001）5月に上越妙高～富山間、平成17年（2005）6月に富山～金沢間が、いずれもフル規格で着工している。これに伴い糸魚川～魚津間と石動～金沢間のスーパー特急方式による建設計画は破棄されることになるが、前述の通りスーパー特急方式の路盤は将来のフル規格化を前提に設計されているため、完成した路盤はそのままフル規格の建設計画に編入されただけであった。

その後、北陸新幹線の工事は比較的順調に進み、平成27年（2015）春の長野～金沢間延伸開業を目指して準備が進められている。平成25年（2013）12月には一部の区間で試験走行も始まった。こうして北陸各県が熱望していた「東京直結のフル規格新幹線」は、金沢以西を除いて実現が確実となったが、その一方で北陸新幹線の事実上の代案として整備されたほくほく線は、北陸新幹線開業後の経営不安を抱えることになってしまった。

北陸新幹線開業でほくほく線は赤字経営に

北越急行ほくほく線は順調な経営が続いている。国土交通省鉄道局監修の『鉄道統計年報』平成22年度（2010）版によると、輸送密度は8029人。国鉄線としての工事が凍結されていた際に見込まれていた1600人の約5倍だ。

しかも、輸送人員の約9割は、運賃のほか特急料金を支払っている『はくたか』の利用者といわれており、乗客一人あたりの単価も比較的高い。おかげで17年前の開業以来、黒字経営がずっと続いており、平成24年度（2012）決算では約14億円の営業利益を出している。

しかし、北陸新幹線が金沢まで延伸されると、越後湯沢〜金沢間をほくほく線経由で結ぶ在来線特急は廃止されることが事実上確定しており、『はくたか』の愛称も東京〜金沢間を直通する北陸新幹線の列車愛称に「転用」されることになっている。つまり、北陸新幹線延伸後のほくほく

北陸新幹線開業＝特急消滅後のほくほく線は、写真の普通列車だけが運転されるローカル線に「転落」する模様。輸送量も現在の1割程度になる見込み

線は特急利用者がごっそり消えてしまい、正真正銘のローカル線と化してしまうのだ。

　実際にどこまで減るのかは、北陸新幹線が開業してみないと分からない面もあるが、輸送密度はおそらく現在の1割、約８００人まで落ち込むことになるだろう。鉄道の採算ラインはさまざまな要因が絡むため一概にはいえないが、輸送密度が１０００人を割り込むと、自治体などの公的支援があったとしても厳しい状況に追い込まれるといわれている。実際、平成25年（２０１３）に廃止の可能性が浮上した弘南《こうなん》鉄道の大《おお》鰐《わに》線は、平成22年度（２０１０）の輸送密度が９１０人だった。

　北越急行も無策というわけではなく、北陸新幹線開業後の赤字経営を想定し、これまでの利益を赤字補てんのために確保している。剰余金は平成25年（２０１

『はくたか』が停車しない途中駅の待合室は人けが少ない。特急なき後のほくほく線の経営はどうなるのだろうか

3）　3月31日時点で約92億円にのぼる。仮に年間の赤字額を1億円に抑えられれば92年間は「安泰」だが、年2億の赤字なら46年、年3億なら30年、年4億なら23年……というように、赤字でもやっていける期間はどんどん短くなる。

そもそも、長大トンネルが連続するほくほく線では、トンネル施設の修繕に膨大な費用をかけなければならない時期がいずれやってくる。場合によっては剰余金の大半が修繕費で吹っ飛んでしまうこともあり得るだろう。少なくとも施設の修繕費用に関しては何らかの公的支援を行わないと、すぐに経営が立ちゆかなくなってしまうのではないだろうか。

政治に翻弄され続けたほくほく線は、北陸新幹線長野～金沢間が開業する1年後、その「ツケ」の支払いをスタートさせることになる。

第七章

「新幹線ではない新幹線」に生まれ変わった奥羽本線

新幹線と在来線～異なる規格を変更して高速化を図る

大量輸送と高速運転に優れた新幹線は、その一方で膨大な建設費がかかるという難点を抱えている。そこで、既設の在来線を活用し、低コストで新幹線に準じた高速鉄道を整備しようという発想が生まれた。前章で少し触れた「ミニ新幹線」「スーパー特急」も、在来線活用の高速鉄道規格といえるだろう。

いわゆる「ミニ新幹線」を初めて導入した奥羽本線福島～山形間（山形新幹線）。在来線のレール幅（軌間）を新幹線と同じ広さにして、東北新幹線からの乗り入れに対応している（撮影：米屋浩二）

このうちミニ新幹線は、東北地方の奥羽本線などを活用する形で実現した。法律上の扱いは既設の在来線を改築したものだが、案内上は「山形新幹線」「秋田新幹線」を名乗っている。新幹線ではないのに「新幹線」を名乗るに至った改築工事のプロセスを見てみよう。

東海道新幹線の成功を受けて構想された全国新幹線網

昭和39年（1964）10月1日に開業した東海道新幹線の成功は、国鉄のみならず国の政策にも影響を与え、昭和44年（1969）に策定された新全国総合開発計画（新全総）では新幹線や高速道路、航空などによる高速交通ネットワークの形成が不可欠であるとした。本来は在来線の輸送力増強対策としての意味合いが強かった新幹線ではあったが、一般的には時速200キロメートルを上回る運転速度の方が注目され、これが全国規模の高速交通ネットワークの構築という構想となって姿を現したのである。

現在の山形新幹線とその周辺の鉄道路線。かつて計画された奥羽新幹線（福島～秋田～青森）と似たルートだが、実際は在来線の奥羽本線を改良して東北新幹線から乗り入れ運転できるようにしたものだ

新全総の策定を受けて具体的な路線網の検討や法整備が国鉄や政府で進められ、昭和45年（1970）には全国新幹線鉄道整備法（全幹法）が制定される。この法律では、国が主体となって全国に新幹線鉄道網を整備するものとし、（1）建設線の起終点や主な予定地を定めた基本計画を決定（第

4条)、(2)基本計画が決定した建設線の調査を指示(第5条)、(3)調査結果に基づき基本計画が定められた建設線の整備計画を決定(第7条)、(4)整備計画が決定した建設線の建設を指示(第8条)、(5)詳細な計画を定めた工事実施計画を申請・認可(第9条)、という流れで建設を進めることになった。

実際には、数千キロメートルに及ぶ全国新幹線鉄道網を一度に着工するのは財政的に不可能であったため、まずは全国新幹線鉄道網の主軸路線となる東北新幹線(東京都〜盛岡市)、上越新幹線(東京都〜新潟市)、成田新幹線(東京都〜成田市)を優先的に建設することになった。この3線は昭和46年(1971)1月に基本計画が決定、続いて4月に整備計画が決定し、10月に東北新幹線と上越新幹線、翌昭和47年(1972)2月に成田新幹線の工事実施計画が認可され、早くも工事に着手している。

石油ショックや国鉄の経営悪化で全国新幹線網は凍結

また、主軸3路線を補完する形となる北海道新幹線(青森市〜札幌市)、東北新幹線(盛岡市〜青森市)、北陸新幹線(東京都〜大阪府)、九州新幹線鹿児島ルート(福岡市〜鹿児島市)、九州新幹線長崎ルート(福岡市〜長崎市)の5線が昭和47年(1972)に基本計画決定、翌昭和48年

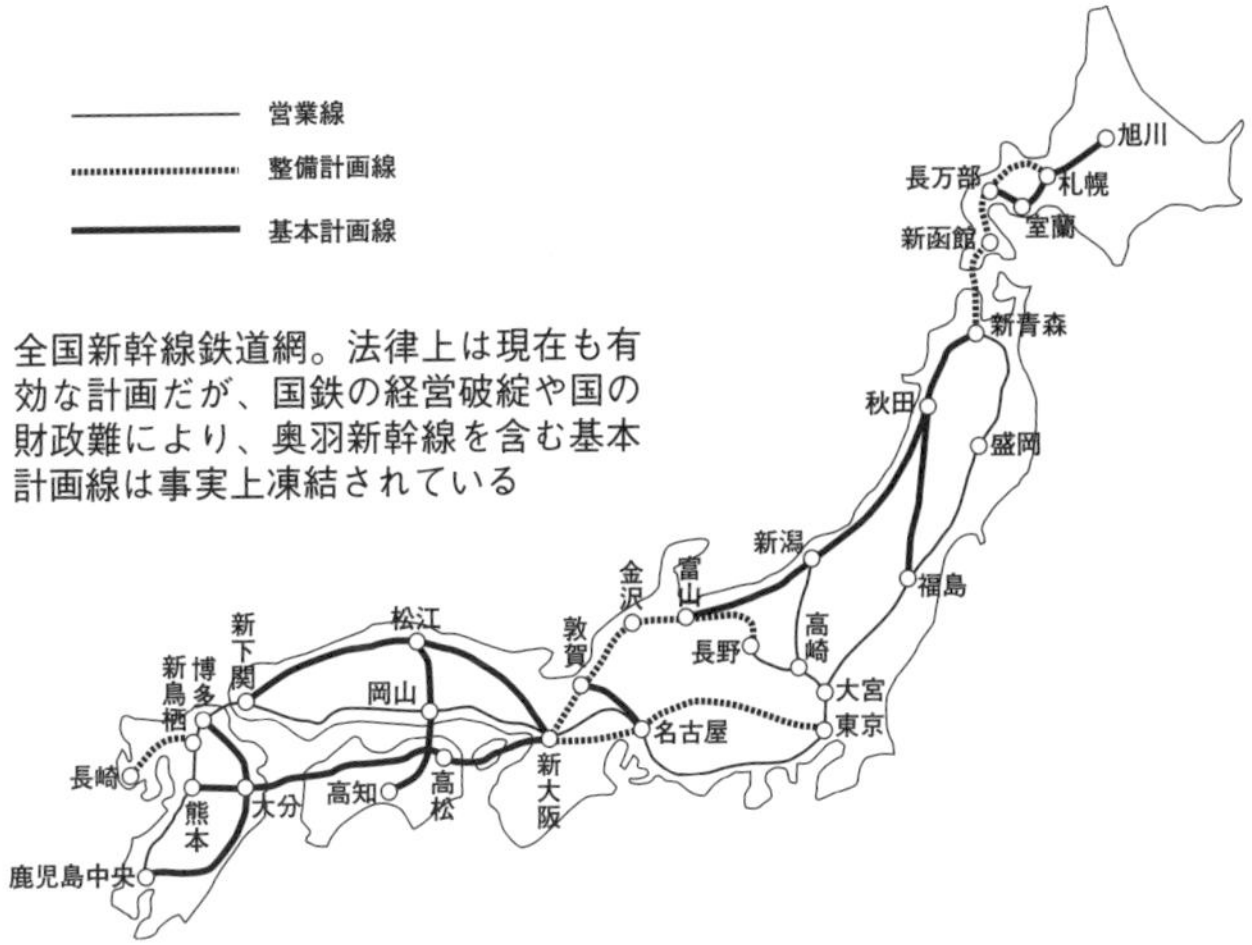

全国新幹線鉄道網。法律上は現在も有効な計画だが、国鉄の経営破綻や国の財政難により、奥羽新幹線を含む基本計画線は事実上凍結されている

（1973）11月13日には整備計画も決定している。この5線は後に「整備新幹線」と呼ばれるようになり、後に予算編成のたびに政治問題化することになる。

さらに5線の整備計画決定から2日後の11月15日、12線の基本計画が決定されている。先に着工した3線や整備計画が決定した5線から分岐して地方中核都市を結ぶ支線系の路線が中心で、奥羽本線に並行する奥羽新幹線（福島市〜山形市付近〜秋田市）や羽越本線に並行する羽越新幹線（富山市〜新潟市付近〜秋田市付近〜青森市）も基本計画12線のなかに含まれていた。

国は先行して着工した3線に続いて整備計画5線の工事に着手し、さらに基本計画12線も昭和60年度（1985）までに整備することを考えていた。しかし、この直前に発生した第一次石油ショックによって総需要の抑制に迫られた政府は、膨大な建設費のかかる整備計画5線の着工を見合わせることを決定。さらに昭和57年（1982）には物価の高騰や国鉄の経営悪化の影響を受け、着工自体の凍結を閣議決定した。整備計画5線すら着工できないのに、5線より「格下」の基本計画12線はもはや「絵に描いた餅」でしかなかった。

軌間の違いがサービス面での弊害をもたらす

経済情勢の変化や国鉄の経営悪化によって新幹線の建設が難しくなると、運輸省や国鉄は、鉄道の利便性や速度の向上を低コストで実現するための方策を考えるようになる。そのきっかけとなったのが昭和56年（1981）9月、フランスのパリ〜リヨン間で営業運転を開始した高速列車「TGV」であった。

TGVの運行開始当時、日本では「フランスが『世界一速い鉄道』の称号を新幹線から奪い取った」として大々的に報道されていたが（当時の新幹線の最高営業速度が時速210キロメートルだったのに対し、TGVは時速260キロメートル）、他に在来線への乗り入れによる建設コストの削減や直通運転の維持なども注目されていた。

日本の在来線は2本のレール幅（軌間）が1067ミリメートルの狭軌であり、輸送力や運転

パリ北駅の在来線ホームで発車を待つフランス高速列車のTGV。地価が高い都市部では既設の在来線に乗り入れることで建設費を大幅に抑えることが可能になった

速度の向上の足枷《かせ》となっていたことから、新幹線では1435ミリメートルの標準軌が採用された。基本的には軌間が広ければ広いほど車体が安定し、列車を高速で運転したり、あるいは車体を大きくして輸送力を強化するといったことが可能になる。ただ、在来線とは異なる軌間を採用したことから、新幹線と在来線の直通運転が物理的に不可能となり、これがサービス面での弊害となって現れた。

たとえば、A～B～C～D間で鉄道の高速化を図る場合、新幹線と在来線の基本的な規格が同じであれば、A～B間やB～C間など一部分だけ新幹線の線路を新たに建設し、それ以外の区間では在来線に乗り入れるといったことも可能だ。自動車が出発地と目的地の市街地だけ一般道を走り、それ以外は高速道路を走るようなものだ。

しかし、新幹線と在来線は軌間という根本的な規格が異なり、列車の直通運転ができない。乗り換えを発生させないようにするためには、全区間にわたって新幹線の線路を一気に建設しなければならず、これが建設コストを押し上げる要因となってしまう。逆に一部分だけ建設すれば、今度は乗り換えの手間が増え、サービスが低下してしまうという問題も生じることになる。

実際、東北本線では上野〜青森間を直通する『はつかり』などの在来線特急列車が運転されていたが、昭和57年（1982）に東北新幹線が大宮〜盛岡間のみ開業すると、上野〜大宮間がアクセス列車の『新幹線リレー号』、大宮〜盛岡間が新幹線『やまびこ』、盛岡〜青森間が特急『はつかり』に分割され、乗り換えが2回も増えてしまい、せっかくの所要時間短縮効果も乗り換えに要する手間と時間で減殺《げんさい》されていた。

フランスTGVをきっかけに新在直通化の研究始まる

一方、ヨーロッパの在来線は車体の大きさこそ日本の在来線と大差なかったが、軌間は1435ミリメートルを採用していた。このため在来線のまま時速200キロメートルまでの高速化を一部の幹線鉄道で実施していたが、さすがにそれ以上の速度となると、日本の新幹線のように踏切を一切設けず、高速運行に伴う安全対策を強化した高速列車用の新線の建設が必要だった。

そこでパリ〜リヨン間のTGVの整備にあたっては、建設費が割高になりやすい都心部で既設の在来線を走行し、都心部から外れた区間のみ「LGV」と呼ばれる高速列車専用の新線を整備する方式が採用された。これにより直通運転を維持しつつ、建設費の削減を図っている。

この方式は他にもメリットがあり、リヨンの先から在来線に乗り入れてパリ〜マルセイユ間を直通する列車、あるいは高速新線の途中で在来線に乗り入れてパリ〜ジュネーブ間を直通する列車を走らせるなど、きめ細かな輸送に対応していた。これに刺激を受けた日本の国鉄も、新幹線と在来線の直通化、いわゆる「新在直通運転」の研究に着手したのである。国鉄がいつ頃から新在直通運転の研究を始めたのかは定かではないが、遅くとも昭和60年（1985）の半ばまでには着手していたようだ。

たとえば、当時の国鉄常務理事の一人だった山之内秀一郎は、鉄道ジャーナル社発行の月刊誌『鉄道ジャーナル』昭和61年（1986）1月号に掲載された新春特別座談会「鉄道の未来を拓く」のなかで「在来線をふくめてスピードアップは大事だと思いますが、長い目で見ると（中略）新幹線レベルでないとダメだと思いますね。やはり新幹線のネットワークをもっと広げることが勝負であり、なんとかもっと安く新幹線を伸ばすとか、在来線の一部を新幹線のゲージ（軌間＝筆者注）に変更して、たとえば今の線路のままでいいから山形や秋田ゆきの新幹線電車が標準ゲージの奥羽本線を走るとか、山陰本線を米子ゆきの新幹線電車が走るようなことを現実の夢として考えてもいいし、そういう検討も始めています」などと語っている。

しかし、当時の国鉄は分割民営化に向けた準備を事実上進めていたこともあり、車両や施設の大規模な変化を要する新在直通運転の具体化は、昭和62年（1987）4月1日の国鉄分割民営化を待たなければならなかった。

奥羽本線を改造して新幹線と在来線の直通化を図る

一方、国鉄が新在直通運転の研究を行っていることが広く知られるようになると、山形県や秋田県では新在直通運転の誘致運動が活発化した。

両県では、奥羽本線や羽越本線を経由して東京に直結する特急列車が運転されていたが、昭和57年（1982）の東北・上越新幹線開業に伴って上野〜山形間や上野〜秋田間を直通する特急『つばさ』『やまばと』などが大幅に減らされ、東京〜山形間の鉄道輸送では福島駅での乗り換えを強いられることになってしまった。

一方、奥羽本線や羽越本線に代わる高速鉄道として奥羽新幹線や羽越新幹線が計画されてはいたものの、既に述べた通り基本計画が決定しただけの路線であり、整備新幹線の着工すらいつになるか分からない状況では、開業など夢のまた夢であった。そこで山形県や秋田県は、いつまでたっても着工しそうにない新幹線よりも、東北新幹線から在来線に乗り入れて東京〜山形・秋田間を直結する列車の運転に期待をかけたのである。

東日本エリアの国鉄線を引き継いで発足したJR東日本は、国鉄時代に行われていた新在直通運転の研究を引き継ぐ形で具体的な導入路線を選定することになり、山形地区の在来線と東北新幹線との直通化を図ることが決定。運輸省も昭和63年度（1988）予算に山形地区での新在直通運転事業を盛り込み、昭和63年（1988）8月に起工式が行われた。総工費は約560億円で、このうち地上施設の建設費が約380億円、車両費が約180億円である。

幹線鉄道活性化事業として建設費の約20パーセントは国庫からの補助を受け、それ以外は山形県など地元自治体が拠出。この資金の受け皿としてJR東日本と地元自治体が出資した第三セクター「山形ジェイアール直行特急保有株式会社」が設立され、新幹線乗り入れのための改良工事と専用車両の製造は直行特急保有会社がJR東日本に全面委託する形を取った。開業後は直行特急保有会社が施設や車両をJR東日本にリースして資金を回収する形となった。

誘致運動が行われていた2県のうち山形県が選ばれたのは、東京からの所要時間が3時間弱に収まり、航空客のシフトが見込めること、沿線人口が比較的多く観光資源も豊富であり、旅客の誘致が容易であることなどが主な理由といわれている。なお、国鉄時代の検討段階では、仙台から仙山線《せんざんせん》に乗り入れるルートが考えられていたようだが、奥羽新幹線の分岐に対応した福島駅の施設を活用することでコストの削減が可能になることから、在来線の乗り入れ区間は計画の具体化に伴い奥羽本線福島～山形間に変更されている。

実質不可能な車両側対応を捨て地上側対応で直通化

こうして東京～（東北新幹線）～福島～（奥羽本線）～山形間の新在直通化に向けて動き出したが、先に述べたように日本では新幹線と在来線の規格が大幅に異なっており、直通運転を行うためには特別な対応が必要であった。

異なる軌間で列車を直通させる方法としては、大きく分けて車両側対応と地上側対応の2つがある。このうち車両側の対応としては、車輪の幅を変更することが可能な「軌間可変車両」を使って直通させる方法と、軌間が変わる地点で台車を交換する方法がある。軌間可変車両による直通運転は、フランス（1435ミリメートル）とスペイン（1668ミリメートル）の直通列車で実用化されており、台車交換方式もロシア（1520ミリメートル）～中国（1435ミリメートル）間などに実例がある。これなら線路の改良を行う必要がほとんどない。

スペインで開発されたフリーゲージトレイン「タルゴ」は、車輪の幅を変化させて、異なる軌間を直通することができる。日本でも動力を持つフリーゲージトレインの開発が進められている

しかし、当時の軌間可変車両は動力機構を持たない客車でしか実用化されておらず、日本の新幹線のように客車自体にモーターを取り付けた電車に軌間可変機構を導入するのは事実上不可能であった。また、台車交換による直通運転は交換作業に時間がかかりすぎ、直通化による時間短縮効果がなくなってしまうという問題点があり、結局は国鉄時代から検討されてきた地上側対応によって直通運転を行うしかなかった。

積雪事故を防ぐため3線軌を諦め全面改軌に

地上側対応もいくつかの方法があり、ＪＲ東日本では改軌や3線軌、4線軌、異軌間並列などを検討した。改軌は在来線の軌間を単純に狭軌から標準軌に変更するもの、3線軌は狭軌の線路の外側にもう

1本レールを追加して標準軌と狭軌の併用とするもの、4線軌はレールを2本追加して標準軌と狭軌の併用とするもの、異軌間並列は複線分の路盤に狭軌と標準軌の線路をそれぞれ1線ずつ設置するものである。

福島〜山形間では新幹線への直通化を図ることになる昼行特急のほか、他の在来線から直通する寝台特急や夜行急行、貨物列車や普通列車も運転されていることから、狭軌を残しつつ標準軌を導入することができる3線軌や4線軌、あるいは異軌間並列を採用することが望ましい。

しかし、3線軌は標準軌と狭軌で軌道中心がズレるためトンネルや橋梁の大規模な改良が必要となり建設コストがかさむこと、4線軌は軌道中心を揃えることができるものの、線路が二手に分かれる分岐器（ポイント）の構造が複雑になりすぎるなど技術上の問題があった。また、異軌間並列は構造的には最も単純だが、運用上はそれぞれ単線となるため、輸送力や運転速度の向上において難があった。

さらに、この区間の特殊事情である冬季の気象条件が選択肢を狭めた。福島県と山形県の境にある板谷《いたや》峠付近は日本でも有数の豪雪地帯であり、3線軌や4線軌では狭軌と標準軌のレールの間に雪が詰まり、事故を誘発する恐れがあったのである。

こうしたことから、JR東日本は原則として3線軌と4線軌の採用を断念。福島〜山形間をほぼ全面的に狭軌から標準軌に改軌することになった。このため、福島〜山形間の普通列車は標準軌台車を履いた専用車両を投入し、寝台特急や夜行急行、貨物列車などは他線を迂回することで対応することになった。

なお、新幹線と在来線は軌間だけでなく車体の大きさも異なる。車体幅は新幹線が3380ミリメートルであるのに対し在来線は2900ミリメートルで、新幹線の方が一回り大きい。このため在来線を改軌したとしても、新幹線の車両がそのまま在来線に乗り入れると、トンネルや橋梁などで車体が地上の施設にぶつかってしまう恐れがある。

そこで東京〜山形間を直通する列車は、車体寸法を在来線にあわせた小型車体に標準軌の台車を組み合わせた専用車両を投入することになった。俗に言う「ミニ新幹線」とは、標準軌の新幹線車両でありながら在来線並みの小型車体を採用していることに由来している。

狭軌複線→標準軌単線→標準軌複線のステップで改軌

こうして全面改軌によって東北新幹線と奥羽本線の直通化を行うことが決まったが、直通化は一朝一夕にできるものではなく、現地の状況に照らして整備の手順を計画する必要があった。

改軌工事に着手する前の奥羽本線福島〜山形間は、福島〜関根間と赤湯〜山形間が複線で、その中間の関根〜米沢〜赤湯間が単線であった。また、列車は通勤通学輸送を担う普通列車のほか、首都圏と山形・秋田地区を結ぶ昼行・夜行の優等列車、そして貨物列車が運転されていた。このため、改軌工事は多種多様な路線環境と運行列車への影響を最小限に抑えつつ、進める必要があった。

JR東日本は、複線のうち1線の改軌工事を行い、それが完了したら残り1線も改軌するという段階的手法を取ることにした。これにより改軌工事中は単線運転となり輸送力は落ちるものの、列車を運行しながら改軌工事を進めることができるという利点があった。ただ、単線区間の関根〜赤湯間ではこの手法が使えないため、この区間に限りバスによる代行輸送を実施して集中的に

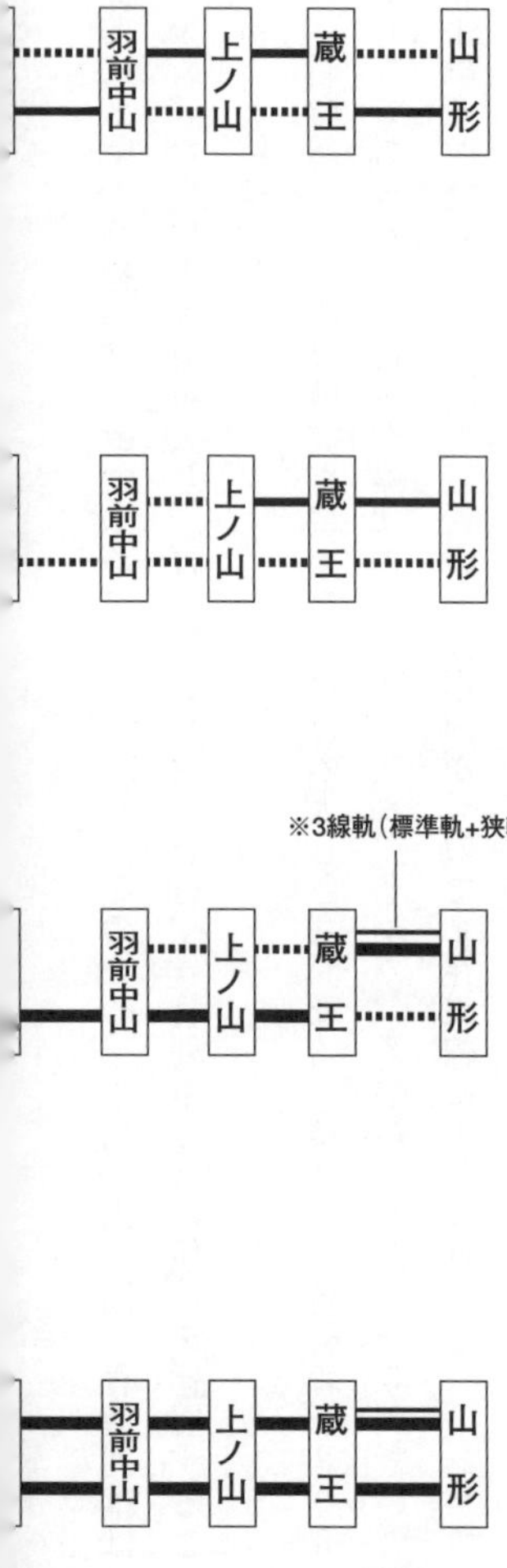

第1ステップ：狭軌単線運転
平成2年（1990）9月1日〜平成3年（1991）8月26日

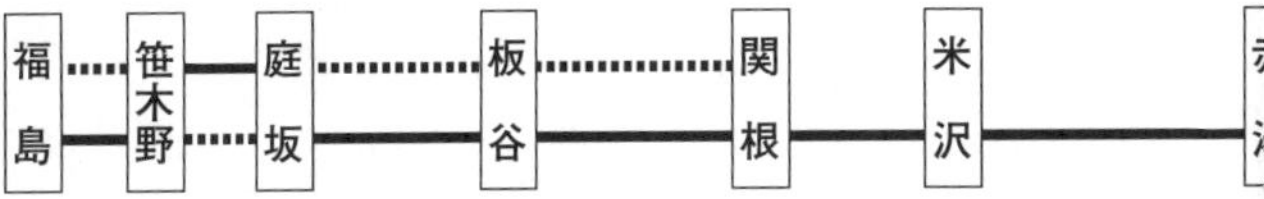

・複線区間を単線化し、残る1線の標準軌に改軌

福島〜山形間の工事の工程。まず複線区間を単線化し、使わなくなった線路の方を標準軌に改軌する工事を進めた

第2ステップ：一部バス代行
平成3年（1991）8月27日〜11月4日

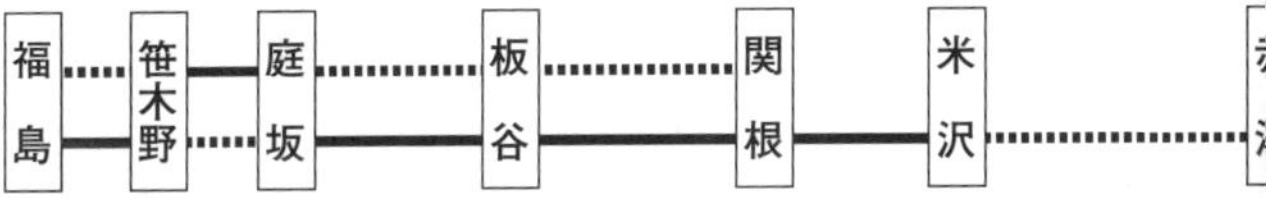

・単線区間でバス代行輸送を実施し、標準軌に改軌

福島〜山形間は単線区間もあるため、その部分は暫定単線化による改軌工事の手法が使えず、バス代行を行って改軌工事を進めた

第3ステップ：標準軌単線運転
平成3年（1991）11月5日〜平成4年（1992）6月30日

・標準軌による普通列車の運転を開始し、残る1線分を標準軌に改軌

単線の標準軌が完成した時点で標準軌台車を履いた普通列車が運転を開始。今度は第2ステップまで使用してきた狭軌の線路を標準軌に改軌した

第4ステップ：山形新幹線開業
平成4年（1992）7月1日

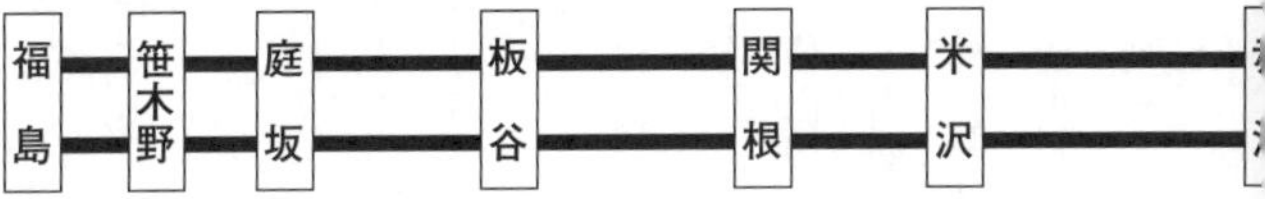

標準軌への改軌が完了。東北新幹線に乗り入れて東京〜山形間を直結する新幹線『つばさ』が運転を開始した

一部を除いて狭軌複線だった奥羽本線は、単線運転に変更した上で標準軌への改軌工事を実施。その後、標準軌による単線運転に変更し、残る狭軌1線の改軌を行うという手順を踏んだ

工事を進めることになった。

まずは本格着工の前段階として、平成2年（1990）3月10日のダイヤ改正にあわせて中間の庭坂〜板谷間のみ標準軌の試験線を施工し、この区間だけ狭軌単線運転に切り替えた。続いて同年9月1日から翌平成3年（1991）8月26日までの期間を「第1ステップ」と称し、福島〜山形全区間で狭軌による単線運転を開始。複線区間の2線のうち使用停止となった1線の標準軌化工事が進められた。

列車については普通列車の一部と特急『つばさ』の一部が廃止されたが、その代わりに仙山線の増発や編成の増強が行われ、東京〜山形間の当面の輸送ルートを確保した。夜行列車は寝台特急『あけぼの』2往復のうち1往復を陸《りく》羽《う》東《とう》線経由に変更し、もう1往復は高崎・上越・羽越本線経由に変更した上で列車名称を『鳥海』に変更した。急行『津軽』は福島〜山形間を東北本線・仙山線経由に変更している。

続いて8月27日から「第2ステップ」に移行。このステップでは単線区間の関根〜米沢〜赤湯〜羽前中山間を標準軌に改軌する工事が行われ、10月8日まで米沢〜上ノ山《かみのやま》間を運休してバスによる代行輸送を始めた。さらに10月9日から11月2日まで運休区間を関根〜上ノ山間に拡大して代行輸送区間も拡大している。これに伴い、特急『つばさ』は福島〜山形間が東北本線・仙山線経由に変更され、当面は仙台駅で東北新幹線と接続する体系となった。

第2ステップは11月3・4日の切り替え工事による福島〜山形間の全面運休を最後に終了し、11月5日からは福島〜山形間が標準軌の単線に。同時に改軌工事の最終段階である「第3ステップ」へと移行し、複線区間の残り1線を標準軌に改軌する工事が始まった。この時点で狭軌台車を履いた在来線車両は完全に運転できなくなったため、普通列車については在来線用の車体に標準軌台車を履かせた電車が新たに投入されている。

なお、蔵王〜山形間では複線2線のうち1線だけ標準軌・狭軌併用の3線軌に変更された。これは同区間で運転されていた貨物列車に対応するための措置である。積雪の問題から3線軌や4線軌の本格的な採用は断念したものの、蔵王〜山形間は比較的距離が短く、板谷峠付近と比較すると積雪量もさほど多くないという理由から、例外的に3線軌化されたのであった。

高速・直通運転で利用者は大幅に増加

こうして奥羽本線福島〜山形間の改軌工事は平成4年（1992）6月までに完成。この区間は新幹線の車両が乗り入れる山形行きの鉄道路線ということで「山形新幹線」の愛称が付けられ、7月1日のダイヤ改正から東京〜山形間を東北新幹線・山形新幹線経由で結ぶ『つばさ』が運転を開始した。

新生『つばさ』には、通常の新幹線車両と同等の性能を持ちながら車体の大きさを在来線に合わせた最新の電車が投入された。東北新幹線内では仙台行きの『やまびこ』と連結して運転されるが、東北・山形新幹線が分岐する福島駅で切り離し作業を行って山形新幹線に乗り入れる。

山形新幹線は、あくまで在来線の線路の幅を新幹線にあわせただけのものであり、新幹線には存在しない踏切もそのままだ。このため新幹線並みの速度では走れないものの、それでも改軌工事にあわせてある程度のスピードアップを図ることができるように改良されたため、最高速度は時速95キロメートルから時速130キロメートルに引き上げられている。

これらの総合的な改良の結果、所要時間は改軌工事着手前の昭和63年（1988）時点で上野

〜山形間（福島での乗り換え時間含む）が3時間10分前後だったのに対し、平成4年（1992）7月1日ダイヤ改正時では東京〜山形間で2時間29〜51分と数十分程度の短縮が図られている。

こうした利便性の向上は利用者の増加という形で現れ、福島〜米沢間の断面輸送人員は平成2年（1990）が1日あたり6000人だったのに対し、7年後の平成9年（1997）には8800人にまで増えている。

高コストの地上側対応から車両側対応の研究進む

こうしてミニ新幹線は全国的にも注目を浴びるようになり、山形県と新在直通運転の誘致を争った秋田県をはじめ、各地でミニ新幹線の導入を求める声が強まった。その後、田沢湖線・奥羽本線の盛岡〜大曲《おおまがり》〜秋田間を標準軌に改軌して東北新幹線との直通化を図った秋田新幹線が平成9年（1997）3月22日に開業。続いて平成11年（1999）12月4日には山形新幹線がさらに新庄まで延伸開業した。

しかし、これ以外の地域では導入の声は挙がったものの、新在直通運転は実現していない。ミニ新幹線は通常の新幹線と比べれば確かに工事費用が安いものの、大規模な改良工事を伴うことから整備費用は決して微少ではなく、福島〜山形間では車両製造費を除いても1キロメートルあたり約4億2000万円かかっている。また、3線軌や4線軌を採用せず単に改軌しただけの場合、今度は他の在来線との接続が切れ、在来線ネットワークが寸断されてしまうという弊害をもたらす。とくに列車の乗り換えがきわめて難しい貨物列車では、在来線の寸断は致命的であり、迂回《うかい》路線を確保できなければミニ新幹線化は事実上不可能ということになる。

こうしたことから、運輸省は「整備新幹線建設推進高度化等事業」の名目で軌間可変電車（フリーゲージトレイン）の研究を推進することになり、平成10年（1998）からフリーゲージトレインの試験車両による技術開発が開始された。前述した通り、軌間可変車両そのものはスペインで実用化されているが、日本のフリーゲージトレインは動力機構を有する電車を前提として研究が進められており、これが実用化されれば在来線のネットワークを寸断することなく新在直通運転を行うことが可能となり、建設コストの大幅な削減を図ることも可能となる。

ただ、10年以上に及ぶ走行試験の結果、軌間変更台車の改良だけでは在来線の急カーブを走行することが困難とされ、線路側の改良も必要であることが判明している。この場合、整備費用が改軌と大差なくなる可能性もあり、十分な比較検討が必要になりそうだ。フリーゲージトレインがミニ新幹線に代わる新在直通運転の切り札となるかどうかは、今後の研究次第ということになるだろう。

第八章

ローカル線を「改造」した準高速鉄道の湖西線

日本初の鉄道計画で敦賀への支線が計画される

日本最大の湖沼面積を誇る、滋賀県の琵琶湖。その周囲を通る鉄道は湖の東側が国鉄の幹線鉄道、西側は非電化単線の中小私鉄路線という対照的なものであったが、その姿は昭和49年（1974）を境に大きく変わった。西側の私鉄路線は国鉄の幹線鉄道として「改造」され、その一方で東側の国鉄線は運転本数が少ない事実上のローカル線に転落したのである。

琵琶湖北岸の塩津《しおつ》から日本海側の港町である敦賀《つるが》に抜ける街道は、古くから関西と北陸を結ぶ重要な交通ルートとなっており、北陸地方の産物は敦賀から塩津まで運ばれ、そこから琵琶湖の舟運を使って大津へ、そして京都へと運ばれた。

明治2年（1869）11月、明治新政府は東京と京都を結ぶ東西両京幹線鉄道とともに、東京〜横浜、京都〜敦賀、京都〜大阪〜神戸の各区間を結ぶ支線も建設することを決定しているが、横浜や大阪、神戸といった大都市に並んで敦賀を結ぶ鉄道の建設が計画されたのも、敦賀が日本海側有数の港町であり、かつ太平洋側と日本海側を結ぶ交通上の要衝であるという認識があったためであろう。

この日本初の鉄道建設計画は、東西両京を結ぶ幹線鉄道の経路の確定が遅れたため支線の建設

琵琶湖の西岸を走る湖西線は、非電化単線の地方私鉄路線を「大改造」して生まれたJR線。かつて2両程度のディーゼルカー編成がゆっくり走っていた場所を、今は10両もの長い編成の新型電車が高速で走り抜けている

が先行することになり、まず新橋（後の汐留）～横浜（現在の桜木町）間が明治5年（1872）に開業。続いて明治7年（1874）から明治10年（1877）にかけて京都～大阪～神戸間が開業する。一方、京都～敦賀間の工事は西南戦争の影響による財政難で遅れたものの、明治11年（1878）8月に着工し、まず京都～大津（現在の京阪電気鉄道浜大津）間が明治13年（1880）7月までに開業した。

琵琶湖東側の支線は関西と北陸を結ぶ大幹線に発展

琵琶湖南岸の港町である大津から先は、湖の東岸（湖《こ》東《とう》）を通って敦賀に抜けるか、あるいは西岸（湖西《こせい》）を通って敦賀に抜けるかの選択になるが、とくに激しい議論もなく、あっさりと湖東ルートに決まったようである。

湖東地区は近江平野が広がっていて人口も比較的密集

しているが、湖西地区は比良《ひら》山地が湖岸まで迫っていて平地が少なく、人口規模も小さい。また、湖東ルートの場合は大津から米原、長浜を経て敦賀に抜けることになるが、大津〜米原間は東西両京幹線鉄道のルートと重なる。すなわち、京都〜敦賀間のうち京都〜米原間を東西両京幹線鉄道の一部として建設すれば、敦賀支線単独の建設距離が短縮されることになり、総合的に見れば建設費の削減にもつながるのである。こうして京都〜敦賀間を結ぶ鉄道は湖東ルートに決定した。

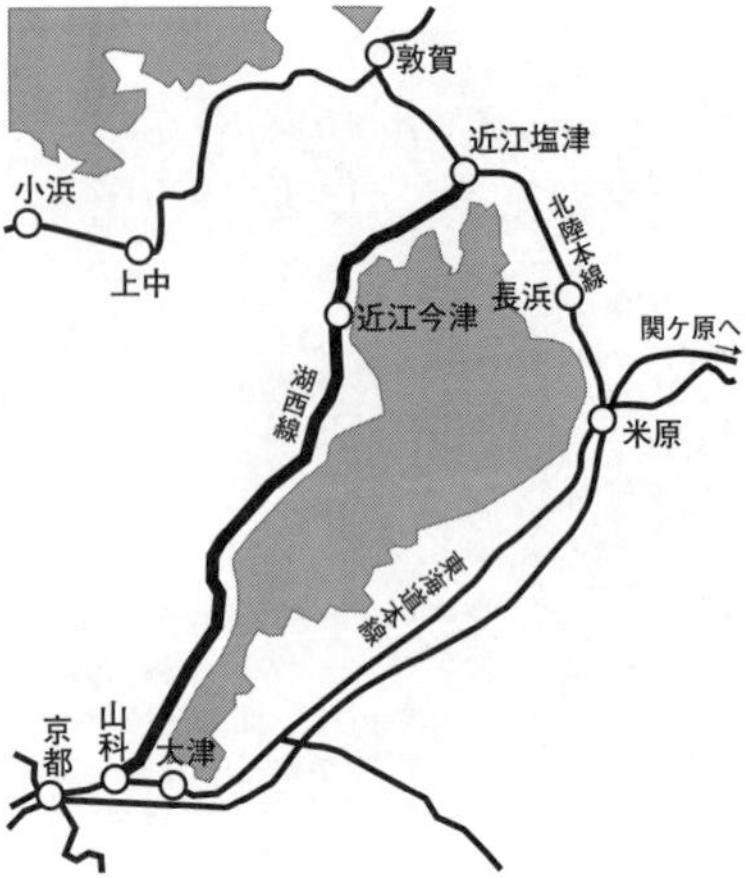

琵琶湖周辺の鉄道路線。東岸を走る北陸本線と西岸を走る湖西線が京都と日本海側の敦賀を結んでいる

工事は明治13年（1880）4月、長浜〜敦賀間で始まった。大津からの延伸ではなく長浜からの工事となったのは、琵琶湖の船舶交通が利用できる区間を後回しにしたためで、当初の大津駅が現在の京阪電鉄浜大津駅にあったのも、船舶交通との連絡を図るためであった。

明治15年（1882）3月に長浜〜柳ケ瀬《やながせ》間と柳ケ瀬隧道西口〜敦賀〜金《かね》ケ《が》崎《さき》（後の敦賀港）間が開業。明治17年（1884）4月には柳ケ瀬トンネルを含む柳ケ瀬〜柳ケ瀬隧道西口間も開業して長浜と敦賀が結ばれ、琵琶湖の船舶交通を介して関西と北陸を結ぶ近代交通路が成立する。一方、東西両京幹線鉄道は岐阜から米原に抜けるルートが考えられていたが、やはり当面の船舶交通との連絡を考慮して長浜に抜けるルートに変更することになり、明治16年（1883）5月に関ケ原〜長浜間が開業している。

その後、明治22年（1889）4月の静岡〜浜松間開業によって新橋〜長浜間の線路が繋がるが、同年7月には深谷《ふかたに》（関ケ原〜長浜間の途中にあった駅。現在は廃止）〜米原〜馬場《ばば》（現在の膳所《ぜぜ》）間と米原〜長浜間の鉄道が開業するとともに、深谷〜長浜間の営業を休止（後に廃止）し、これによって東西両京を東海道ルートで直結する幹線鉄道と、幹線鉄道の米原で分岐して敦賀へ向かう支線鉄道という路線形態が成立したのである。

その後、米原〜敦賀間の鉄道は北陸線（現在の北陸本線）として富山方面へ延伸されることになり、明治29年（1896）7月に敦賀〜福井間が開業。続いて明治31年（1898）4月に金沢、明治32年（1899）3月に富山に達し、大正2年（1913）4月までに米原〜直江津間の全線が開業する。

湖東の国鉄幹線に対し湖西はローカル民鉄に

湖東地区の鉄道が関西と北陸を結ぶ重要な交通路として発展していくのに対し、湖西地区では国家レベルでの鉄道建設が考えられることもなく、琵琶湖の船舶交通に依存する傾向が強まっていく。しかし、速度や運転本数の面で船舶交通より優れている鉄道の建設を求める声は湖西地区でも次第に強くなり、大正4年（1915）2月に近若軽便鉄道が下阪本村《しもさかもと》（現在の大津市坂本）～三宅村（後の上中町《かみなかちょう》三宅、現在の若狭町《わかさちょう》三宅）間の軽便鉄道敷設免許を受けている。

終点が敦賀ではなく現在の小浜《おばま》市に隣接する三宅村となったのは、今津町《いまづちょう》（現在の高島市今津町）と三宅村を結ぶ街道が古くから整備されていて交流が活発であったこと、さらに三宅村を含む若狭地区も湖西地区と同様、幹線鉄道のルートから外れて地域経済が打撃を受けており、その解決策として京都と若狭地区を直結する鉄道ルートの整備が望まれていたことなどが背景として挙げられる。

湖西線が開業する前の琵琶湖周辺の鉄道路線。京都と敦賀を結ぶ鉄道は東海道本線～北陸本線ルートのみで、琵琶湖西岸は江若鉄道という名の地方私鉄が地域輸送のみを行っていた

近若軽便鉄道は資金調達が上手くいかなかったようで、大正7年（1918）頃に免許が失効してしまうが、それから1年後の大正8年（1919）には江若《こうじゃく》鉄道が大津市～

三宅村間の免許を取得。大正10年（1921）3月の三井寺《みいでら》（後の三井寺下）〜叡山《えいざん》間開業を皮切りに順次延伸され、昭和6年（1931）1月までに新浜大津（現在の浜大津）〜近江今津間が開業した。しかし、近江今津から先は建設費がかさむ峠越えの区間であることから建設が断念され、昭和11年（1936）に免許が失効している。

この間、国は鉄道敷設法を大正11年（1922）に改正した。第六章で述べたように、国鉄線は鉄道敷設法で整備すべき路線が定められていたが、明治25年（1892）に制定された当時は現在の北陸本線など幹線鉄道を中心に規定されていた。大正期に入ると、同法で規定されていた幹線鉄道の大半が完成したこと、地方で鉄道の整備を求める声が強まったことから、地方路線の整備を中心とした法律に改正したのである。

この改正により、鉄道敷設法の別表には「七十七　滋賀県大津ヨリ高城ヲ経テ福井県三宅ニ至ル鉄道及高城ヨリ分岐シテ京都府二条ニ至ル鉄道」が予定線として盛り込まれている。私鉄の建設が進んでいたのに同じルートの国鉄予定線が盛り込まれているのは不思議な気もするが、これは江若鉄道の将来の国有化を視野に入れたものであったのかもしれない。実際、近若軽便鉄道の免許失効から江若鉄道の免許取得までの短い期間に国鉄線建設の運動が巻き起こっており、さらに昭和初期に江若鉄道が経営難にあえぎ、近江今津以遠の建設が絶望的となった頃にも、鉄道敷設法を根拠に江若鉄道の国有化や近江今津～三宅村間の国鉄線建設を求める運動が巻き起こっている。

しかし、国鉄線建設や国有化の運動は戦前には実ることなく、昭和12年（1937）に国鉄線建設の代替として近江今津～小浜間を結ぶ国鉄バスが運行を開始しただけであった。

北陸本線の改良で顕在化した東海道本線の輸送力不足

こうして湖東地区は東海道本線を介して関西と北陸を結ぶ重要な幹線鉄道、湖西地区は周辺の小さな集落を結ぶ行き止まりのローカル民鉄という対照的な図式ができあがった。この状態は戦後もしばらく続いたが、北陸本線の近代化の過程で大きな変貌を遂げていくことになる。

北陸本線の滋賀・福井県境は野坂《のさか》山地の柳ヶ瀬峠を越える急勾配区間となっており、輸送力増強の障害となっていた。このため木ノ本から琵琶湖の北側に回り込んで少し西へ進み、近江塩津からトンネルで一気に北上して福井県側に抜ける新ルートの建設が計画され、昭和13年（1938）から工事に着手する。戦争の影響で一時は中断されたが昭和25年（1950）から再開され、昭和32年（1957）には田村～敦賀間の交流電化とともに新ルートが単線で開通。続いて昭和38年（1963）には新ルートの複線化も完成した。また、敦賀以北でも同様の改良工事が進み、昭和37年（1962）に敦賀～今庄《いまじょう》間の急勾配区間を解消する北陸トンネルが完成。さらに昭和44年（1969）までに米原～直江津間全線の電化・複線化が完成した。

しかし、北陸本線の輸送力強化が進むにつれて、同線に接続する東海道本線の問題が顕在化するようになる。大阪や京都から北陸各県に向かう場合、米原まで東海道本線を走行し、そこから北陸本線へ入っていくことになるが、東海道本線といえば日本でも有数の輸送量を誇り、戦前から輸送力の限界が指摘されていたほどの大幹線である。昭和39年（1964）の東海道新幹線開業で輸送力の問題は緩和されるが、関西の都市圏拡大によってラッシュ時の輸送事情はますます深刻化し、さらに貨物輸送も考慮すると、東海道本線の線路容量（走行可能な列車本数）は一層逼迫することが目に見えていた。こうした状況では、大阪発着の北陸本線直通列車を増発することが難しくなり、いくら北陸本線の輸送力を増強しても意味がないということになる。

東海道本線との「共用」区間を減らすバイパス線を建設へ

そこで考えられたのが、北陸本線のバイパス線を整備し、東海道本線との「共用」区間をできるだけ減らすという計画である。大阪～京都間は古くから複々線化されていて輸送力に比較的余裕があることから、バイパス線の建設は京都以遠に絞られ、琵琶湖の西岸、すなわち湖西地区を

湖西線は部分的に江若鉄道の敷地を使用しているが、関西圏と北陸地方を結ぶバイパス線としての役目を担うことから、全線にわたって道路と立体交差した複線電化の高規格路線として全面的に造り直された。線路を支える路盤のほとんどが新幹線での採用例が多いコンクリート製の路盤だ

通って敦賀に抜ける新線の建設が具体化することになった。

先に述べたように、湖西地区を通る大津〜高城〜三宅間が既に鉄道敷設法の予定線となっており、さらに北陸本線が木ノ本〜敦賀間を新線ルートに変更したことにより、京都〜三宅間の予定線の途中にある今津から約20キロメートル線路を延ばすだけで北陸本線に接続することができる。そこで国は、鉄道敷設法の予定線として「七十七ノ二 滋賀県今津ヨリ塩津ニ至ル鉄道」を昭和36年（1961）に追加した。以前から予定線となっていた「七十七」の一部（大津〜今津間）と、新たに予定線とした今津〜塩津間の「七十七ノ二」を組み合わせることによって、北陸本線のバイパス線を建設することにしたのである。

ただ、「七十七」の起点は大津とされていたが、大津駅の周辺は狭い平地に人口が密集している地域であるため、新たに線路を敷くのは難しい。大津駅の西側で東海道本線から分岐させるルートなら人口密集地をある程度避けることができるものの、その場合は大阪～北陸間の列車が大津駅で進行方向を変えなければならず、運用面での不合理が生じてしまう。そこで国は昭和40年（1965）に「七十七」の起点を大津から山科《やましな》に変更して大津市の市街地を避け、かつ進行方向を変えることなく関西圏と北陸圏を結ぶ列車を運転できるようにした。

ちなみに「七十七」の予定線は当初「大津線」と呼ばれていたが、建設区間の変更に伴い、現在の湖西線という名称が使われるようになった。

難航する競合私鉄との交渉は線路敷地の一部買収で決着

予定線の追加や変更と相前後して湖西線着工の準備は進み、昭和39年（1964）9月には日本鉄道建設公団の工事線として、同公団の基本計画に組み入れられた。

しかし、建設に向けての動きが本格化したところで大きな問題が浮上する。ルートの大半で湖西線と競合することになる江若鉄道線の存在である。北陸本線のバイパス線として建設する以上、湖西線が全線複線電化となることは当然のことであり、これが開業すれば非電化単線の江若鉄道

北小松駅の北側に残る江若鉄道の線路敷地。現在は単線＝1車線の道路になっている。その奥に見えるのが湖西線の高架橋だ

の経営に大打撃を与えるのは必至である。そこで江若鉄道は、戦前から国有化の運動が巻き起こっていたことを背景に、浜大津～近江今津間の全線を買収するよう公団に求めた。

戦前には国鉄線の計画と重複する私鉄を買収したケースがいくつかあり、たとえば秋田県の矢島《やしま》線（現在の由利高原鉄道）羽後本荘《うごほんじょう》～前郷《まえごう》間も、もともとは横《おう》荘《しょう》鉄道の路線であったが、鉄道敷設法で定められていた羽後本荘～院内間の予定線と重なるために国有化されている。しかし、北陸本線に連なるバイパス線を造ろうとしている鉄道公団にとって、単線非電化の上に貧弱な線路規格でカーブも多い江若鉄道線の線路施設を全線買収しても意味はなく、鉄道公団と江若鉄道の交渉は難航した。

最終的に交渉が妥結したのは5年後の昭和44年（1

969）5月のこと。約51キロメートルに及ぶ江若鉄道線の敷地のうち、約31キロメートル分を鉄道公団が購入する方向で交渉がまとまり、これを受けて江若鉄道は同年11月1日、江若鉄道線を「自主的」に廃止した。

　この約31キロメートル分の敷地は線形が比較的良く、湖西線の建設に転用できるものとして売却されたものであったが、実際に転用されたのは約27キロメートル分であり、残りの約4キロメートル分をなぜ購入したのかよく分からない。ちなみに買収額は17億3800万円で、江若鉄道は線路敷地の売却収入によって累積赤字を一掃しているが、逆に考えると累積赤字を一掃するために必要な金額が17億3800万円であり、それを江若鉄道線の敷地に換算すると約31キロメートル分であったとも考えられる。湖西線は江若鉄道線の廃線跡を活用して建設されたといわれることが多いが、実際は積極的に活用したというよりも、江若鉄道への補償のためにやむなく活用したといえるかもしれない。

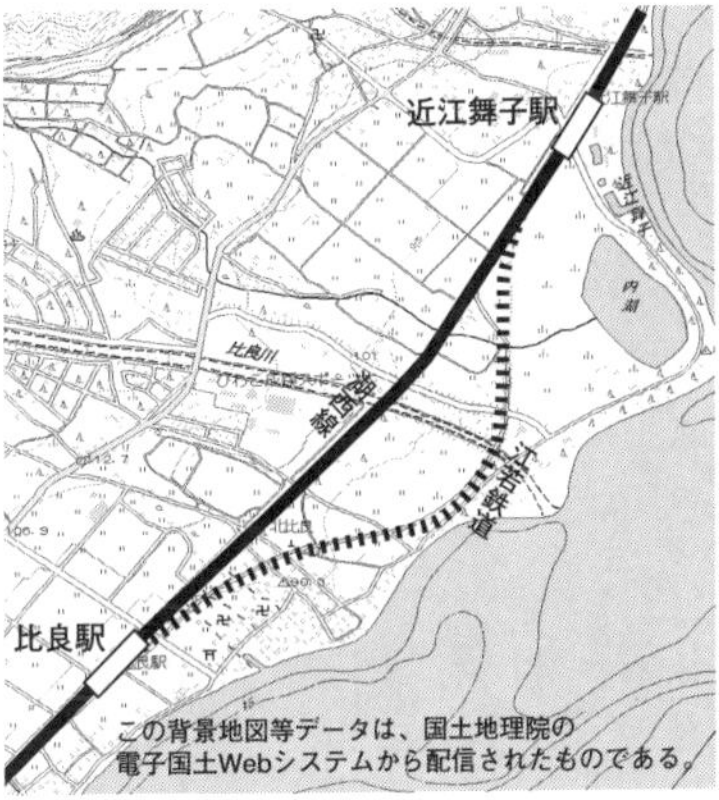

湖西線の比良～近江舞子間。江若鉄道の線路敷地を完全にトレースしているわけではなく、急カーブの部分は江若鉄道の敷地を避けて直線的に結んでいる

なお、江若鉄道は鉄道線全線廃止の翌日に社名を江若交通と変え、現在も湖西地域を中心に路線バス事業を展開している。

在来線でも新幹線並み、踏切なしの高規格路線

江若鉄道との交渉が長引いたことによって着工は大幅に遅れたものの、昭和42年（1967）には江若鉄道線と重複しない近江今津〜近江塩津間の工事に着手。続いて江若鉄道線の廃止直後に山科〜近江今津間の工事も始まり、湖西線の計画はようやく前に進んだ。

湖西線は江若鉄道線の線路敷地を活用することになったものの、もともと単線分の敷地しかなかったため、複線の線路を建設するためには拡張分の敷地も用意しなければならない。しかし、現地は急速に都市化が進んでいたため用地取得は難航した。また、江若鉄道線の線路敷地を利用しない部分ではトンネルも建設されたが、この地域は比良山系が湖岸に迫る軟弱地盤地帯であるため、トンネルの工事も難航した。そのため、トンネルの外周に沿って鋼管を埋め込み、その中で掘削作業を行う「パイプルーフ」と呼ばれる新しい工法などが採用された。

一方で線路施設は、これまでの在来線では幹線でも見られないような「豪華」な仕様となった。北陸本線のバイパス線だけに複線電化とし、さらにカーブは可能な限り減らして直線的な線形と

湖西線の北小松駅。新幹線に準じた高規格鉄道だけに、中間のローカル駅も立派な高架駅だ

し、勾配も大幅に緩くした。また、トンネルを除く地上区間はほぼ全線にわたって高架橋や盛土《もりど》となっており、道路との平面交差（踏切）はまったくない。さらに線路は全長の約30パーセントをスラブ軌道[注]として保守の省力化を図り、ロングレールや特殊分岐器の採用によって高速運転にも対応できるようにした。これは当時、岡山〜博多間で工事が進んでいた山陽新幹線の仕様とよく似ており、違うのは軌間だけといっても過言ではないだろう。

なお、電化方式は北陸本線で全面的に採用された交流2万ボルトではなく、北陸本線と接続する近江塩津付近を除いて旧来の直流1500ボルトが採用されている。これは関西の通勤通学圏の拡大により湖西線沿線も住宅開発が進むことが予想されたことから、関西圏で運用されている直流仕様の電車がそのまま乗り入れできるようにしたためである。

（注）▼スラブ軌道……コンクリートの路盤上に軌道スラブと呼ばれるコンクリート板を置き、その上にレールを敷設したもの。

湖西線の開業によって湖東の鉄路はローカル化

私鉄の買収問題などさまざまな困難はあったものの、工事自体は比較的順調に進み、全線着工から僅か5年後の昭和49年（1974）7月20日、湖西線山科～近江塩津間はついに開業の日を迎えた。当初は京都と線内各駅を結ぶ普通列車のみ運転という暫定開業で、その間に特急列車や貨物列車の訓練運転を実施。翌昭和50年（1975）3月10日のダイヤ改正にあわせて本格開業となり、琵琶湖を巡る鉄道の様相は一変した。

大阪～北陸間を結ぶ旅客優等列車は、昭和48年（1973）10月時点の運転本数（下り）が特急列車16本、急行列車7本の計23本となっていたが、昭和50年3月改正に伴い特急列車は2本増発した上で全て湖西線経由となり、急行列車も1本削減した上で半数が湖西線経由に変更された。一方、貨物列車も快速貨物列車1本を除き全面的に湖西線経由に変更された。また、堅田《かたた》以南では東海道本線から直通する新快速列車も設定され、長距離移動のみならず地元住民の利便性も大幅に向上した。

　こうして琵琶湖の湖西地区は、非電化単線の私鉄に代わって複線電化の高規格国鉄幹線が与えられるという恵まれた地域になったが、その一方で湖東地区は名古屋〜北陸間の直通を除いて特急・急行列車が大幅に減少。米原駅からすぐに交流電化区間に入るため、湖西線と異なり大阪方面で頻発運転されている直流電車の新快速列車も乗り入れることができず、普通列車が1時間に1本程度運転されるだけというローカル線のような様相を呈するようになった。湖の東西両岸で対照的なのは変わらないが、その立場は完全に逆転してしまったのである。

　ただ、ローカル輸送の問題については、後に電化方式を交流から直流に変更することによって解決を図ることになり、平成3年（1991）に米原〜長浜間、平成18年（2006）に長浜〜敦賀間がそれぞれ直流化され、現在は湖西線経由と北陸本線長浜経由のどちらからでも東海道本線の直流電車が乗り入れできるようになった。

　また、在来線でありながら新幹線級の仕様で整備された湖西線は、営業開始後も速度向上試験の場として使われ、その成果は後の北越急行ほくほく線での時速160キロメートル運転などに生かされている。

第九章

ホームの増設と計画変更をひたすら繰り返した東京駅

東海道の新ターミナルとして建設された東京駅

ここまでさまざまな鉄道計画変転の歴史を見てきたが、最後はまもなく100周年を迎える日本の首都中央ターミナル・東京駅のホーム増設計画の変転を見てみることにしよう。

日本初の鉄道は明治5年（1872）、新橋〜横浜間に開業した。当時の新橋駅は、後の汐留貨物駅。現在は高層ビルが林立する再開発地区「汐留シオサイト」になっている。その後、新橋〜横浜間の鉄道は徐々に西へ延びていき、明治22年（1889）には現在の東海道本線に相当する新橋〜神戸間が全通。新橋駅は日本の首都を代表するターミナルとして発達した。

その一方、東北方面は明治16年（1883）に開業した上野駅、信州松本方面は明治28年（1895）に開業した飯田町駅（現在の飯田橋駅のやや東側）、千葉方面は明治37年（1904）に開業した両国橋駅（現在の両国駅）というように、各方面ごとにターミナルが分散して設けられた。

この結果、東北方面から東海道方面への乗り継ぎに際しては、上野駅から新橋駅まで徒歩や人力車、馬車鉄道（後の東京都電）などで移動する必要があった。このため増え続ける交通需要に対応しきれなくなり、新橋と上野を結ぶ高架鉄道を建設し、その中間に本格的なターミナル駅を

東京駅の京葉線地下ホームへの連絡通路は本来、幻のプロジェクトと化した成田新幹線ホームの連絡通路として計画された。東京駅は他にも幻のプロジェクトが多数存在する

建設する構想が生まれた。これが現在の東京駅である。

開業時のホーム数は4面8線

大正3年（1914）12月20日に開業した東京駅は当初、島式4面8線のホームが丸の内側に設けられ、八重洲側には客車操車場や機関庫が置かれていた。その後、中央線や東北線の乗り入れ、山手線の環状運転化、京浜線（現在の京浜東北線）や横須賀線の運転開始により、昭和5年（1930）3月15日時点のホーム使用区分は、第1ホーム1・2番線（現在の3・4番線）＝中央線、第2ホーム3・4番線（現在の5・6番線）＝京浜・山手線、第3ホーム5・6番線（現在の7・8番線）＝東海道・横須賀線、第4ホーム7・8番線（現在の9・10番線）＝東海道線となった。現在の線路番号と2線ずつずれているのは、後述する第01ホームの増設で線路が移転したためである。

この頃になると、東海道線や横須賀線の輸送人員の増加により、輸送力の不足が懸念されるようになった。そこで昭和9年（1934）、当時の国鉄線を運営していた鉄道省は東京〜品川間の線路増設計画を取りまとめ、東京駅についてもホームを増設することになった。

昭和5年（1930）3月15日時点のホーム使用区分

ホーム	線　路	主な使用路線
第1ホーム	1番線	中央線
	2番線（初代）	
	番号なし	留置線
第2ホーム	3番線	京浜・山手線
	4番線	
第3ホーム	5番線	東海道・横須賀線
	6番線	
第4ホーム	7番線	東海道線
	8番線	

昭和5年（1930）3月15日時点のホーム使用区分。島式ホーム4面8線と、線路番号がない留置線が1線設けられていた

東京〜品川間は、京浜・山手線電車が走行する電車線2線と、東海道線の列車が走行する列車線2線の合計4線が設けられていたが、大正12年（1923）9月1日に発生した関東大震災の復興計画として、さらに2線増設するための敷地が既に確保されていた。一方、東京駅構内はとくに敷地が確保されていなかったことから、八重洲側の操車場を品川に移転し、ここに島式ホーム3面を増設するものとした。

増設後の線路使用区分は、京浜緩行《かんこう》・山手線電車が2線、

有楽町方から見た戦前の東京駅構内。左側に赤レンガの丸の内駅舎があるのが見える（『東京駅々史』より引用）

横須賀・京浜線急行電車2線、東海道線列車2線とすることが考えられていた。「京浜線急行」とは聞き慣れない……いや、どこかで聞いたような名前だが、これは線路増設にあわせて新設することになった、京浜線電車の快速系統である。当然ながら、現在の京浜急行電鉄とは全く関係ない。なお、品川以遠は京浜線急行電車が電車線に転線して京浜線緩行電車と同じ線路を走り、横須賀線電車は列車線に転線して東海道線列車と線路を共用するものとした。

これにより、東京駅は東海道線列車を、増設の第5～7ホームに移転。既設ホームのうち第3ホームは横須賀線電車専用とし、第2・4ホームは京浜緩行・山手線電車が外側の3・8番線を、京浜線急行電車が内側の4・7番線をそれぞれ使用することが想定された。

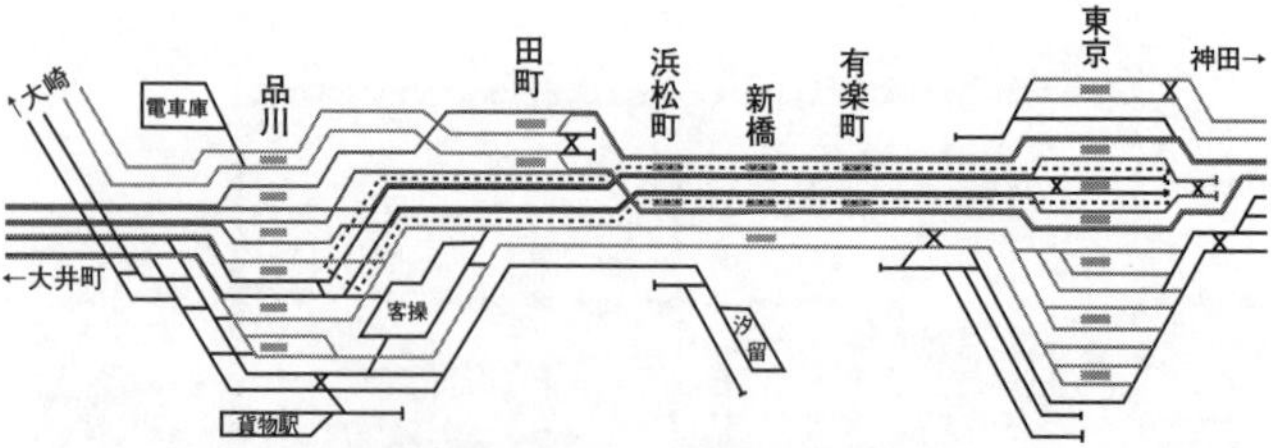

戦前の東京〜品川間の線路増設計画による配線略図。増設した線路（点線で囲んだ部分）は横須賀線と京浜線急行が使用する予定だったが、戦後は山手線と京浜東北線の走行線路分離のために用いられた

戦時体制への移行で京浜線急行は計画中止

線路増設工事は昭和11年（１９３６）11月から始まった。当初は昭和15年（１９４０）春の完成を目指して建設が進められ、浜《はま》松町《まっちょう》〜田町《たまち》間には、横須賀・京浜線急行電車が京浜緩行・山手線電車をまたぐための立体交差設備（ボックスラーメン橋）も構築された。しかし、昭和12年（１９３７）に勃発した日中戦争の影響で予算と資材が不足し、さらに昭和16年（１９４１）には太平洋戦争に突入したことから、昭和17年（１９４２）９月25日の東京駅第５ホーム９・10番線（現在の20・21番線）の使用開始をもって、工事は中止された。

戦後は田町〜田端《たばた》間の線路増設工事として再開されたが、この時は快速系統の需要が少ないとの判断により、京浜東北線電車と山手線電車の走行線路を分離する計画に変わり、京浜線急行電車の計画は消滅してしまった。線路の配線や使用区分も変更された

特急『スーパービュー踊り子』が発車した直後の第4ホーム9・10番線（旧7・8番線）。戦前の計画では京浜東北線と山手線のホームになるはずだった

ため、浜松町〜田町間のボックスラーメン橋も東海道新幹線の工事の際に撤去されている。

ただ、京浜東北線は昭和63年（1988）3月13日から昼間帯限定で田端〜田町間の快速運転を開始しており、京浜線急行計画が50年の歳月を経て復活したといえるかもしれない。

なお、田町〜品川間の車両基地の山側には、戦前の線増計画に基づき建設されたものの、戦後の計画変更で使用されなかった高架橋が、現在も寸断された状態で残されている。この一帯は新駅建設を含む再開発計画があるため、そう遠くない時期に撤去されることになるだろう。

東京駅に内定していた？　戦前の新幹線ターミナル

京浜線急行電車は戦争の影響で実現しなかったが、その一方で朝鮮半島や中国大陸に向かう旅客や貨物の輸送

旧田町車両センター（現在の東京総合車両センター田町センター）に残る高架橋は戦前の線増計画の名残。再開発計画が本格的に動き出せば、いずれ撤去されることになるだろう

量は、昭和6年（1931）の満州事変や、昭和12年（1937）の日中戦争の影響で増加し、東海道・山陽本線も輸送力不足が懸念されるようになった。当時は鉄道で下関に向かい、ここから国鉄の関《かん》釜《ぷ》連絡船で朝鮮半島の釜山《プサン》に入るのが一般的だったためだ。

そこで鉄道省は、東海道・山陽本線とは別に、東京〜下関間を最高時速200キロメートル程度で結ぶ標準軌新幹線鉄道、いわゆる「弾丸列車」の建設を考えた。現在の東海道・山陽新幹線の布石といえる高速鉄道計画である。

この計画は昭和15年（1940）の帝国議会で予算案が議決され、直ちに測量と経路の選定、用地買収に入った。翌昭和16年（1941）からは、新丹那トンネルや日本坂トンネルなど、一部の工事にも着手している。

東京ターミナルの位置は、現在の東海道新幹線と同じ東京駅併設案のほか、市ケ谷駅乗り入れ案、四ツ谷駅乗り入れ案、新宿駅乗り入れ案、高井戸付近新設案、中野付近新設案、目黒駅乗り入れ案など、さまざまな案が検討されていたようだ。『日本国有鉄道百年史』によれば、東京、市ケ谷、新宿、荻窪の4案が比較検討され、このうち市ケ谷案が最も有利とされたが、最終的な結論には至らなかった。

ただ、弾丸列車計画に関わっていた鉄道省官僚の権田良彦は、後に「確かに、東京駅に乗り入れるか、郊外に移すかの激しい議論はあった。でも、東京駅で数日間にわたって（中略）調査をした結果、『これは東京駅しかない』となった。この調査を行ない、膨大な資料を分析して人口の中心を求めると、いやが上でもいまの東京駅にならざるをえないのです。やはりここが東京の中心なんです。それで、決まっちゃった」（前間孝則『亜細亜新幹線』講談社文庫）と語っている。弾丸列車の東京ターミナルは、東京駅への併設が内定していたのかもしれない。

操車場敷地を活用して弾丸列車ホームの整備を検討

比較検討時に作成された資料によると、昭和39年度（1964）の想定として12〜15両編成の

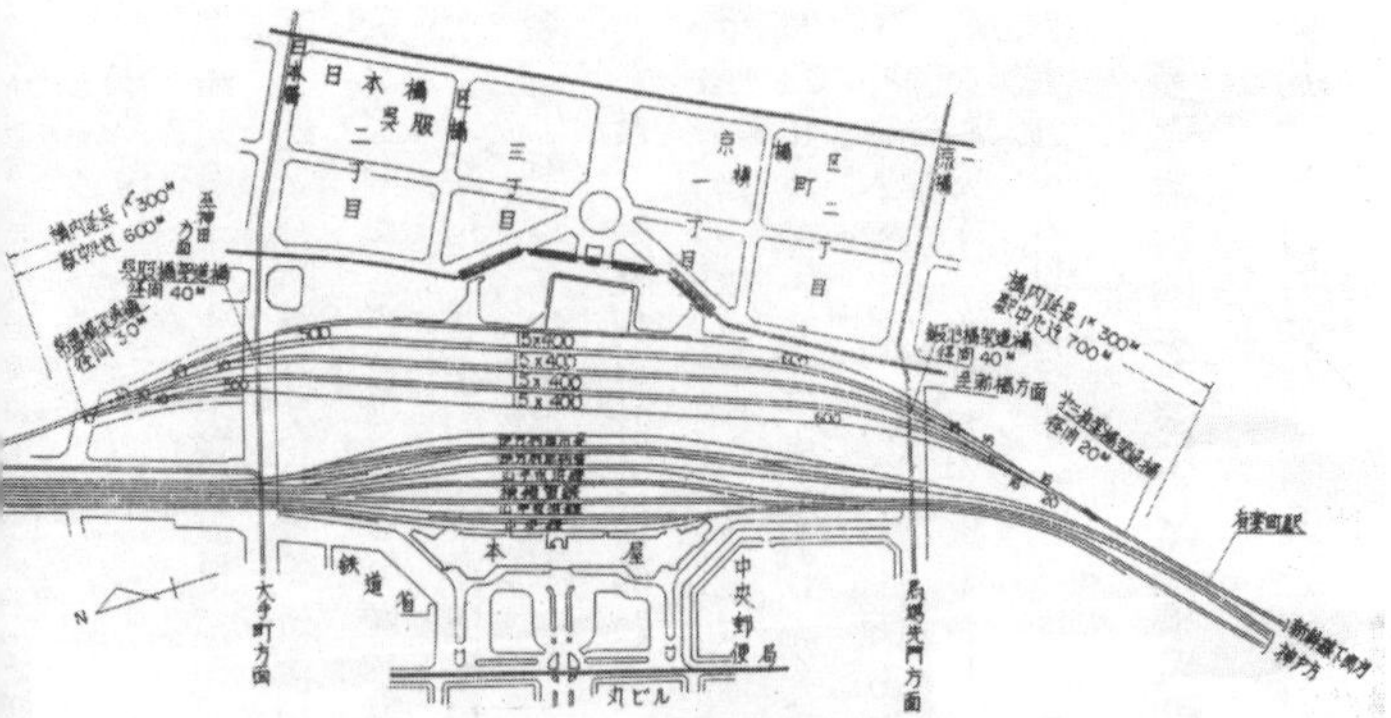

「弾丸列車東京駅」候補案の一つである東京駅の平面図。現在の東海道・山陽新幹線と異なり、全てのホームから東北線方面にスルーできる配線となっており、西新井客車操車場への回送運転を想定していた（『東工』1967年1月号より引用）

普通列車（現在の各駅停車『こだま』に相当）を23往復、9両編成の急行列車（『ひかり』に相当）を19往復運転。東京駅併設案では、既に計画されていた第7ホームの外側、つまり客車操車場や機関庫などが設けられていた敷地に全長400メートル、幅15メートルの島式ホームを4面8線設置し、丸の内側2面を到着ホーム、八重洲側2面を出発ホームとすることが考えられた。

また、東京駅には到着検査と給水のための設備を設けるが折り返し運転はせず、弾丸列車用の客車操車場を西新井《にしあらい》付近に設置するものとした。東京駅併設案の平面図を見ると、弾丸列車の線路が下関方だけでなく東北線方面にも延びているが、これは東京駅と西新井客車操車場を結ぶ回送線であり、現在の東北新幹線などに相当する北への延伸も考慮していた。

昭和31年（1956）11月19日時点のホーム使用区分

ホーム	線路	主な使用路線	備　考
第1ホーム	1番線	中央線発着	
	2番線(初代)	中央線発着	
	番号なし	留置線	
第2ホーム	3番線	京浜東北線北行	
	4番線	山手線内回り	
第3ホーム	5番線	山手線外回り	
	6番線	京浜東北線南行	
第4ホーム	7番線	東海道線到着	
	8番線	東海道線到着	
第5ホーム	9番線	東海道線発着	
	10番線	横須賀線発着	昭和17年(1942) 9月25日使用開始
	11番線	回送・機回し線	
第6ホーム	12番線	東海道線発着	昭和17年(1942) 9月25日使用開始(※)
	13番線	東海道線出発	昭和28年(1953) 9月1日使用開始
第7ホーム	14番線	東海道線出発	
	15番線	東海道線出発	昭和28年(1953) 9月1日使用開始
	16番線	回送・機回し線	

※当初は回送・機回し線、昭和28年(1953)9月1日から第6番ホームの線路として使用開始。

この弾丸列車計画も、戦局の悪化により昭和18年度（1943）限りで中止された。ただ、この検討で作成された膨大な調査資料が、戦後の東海道新幹線における東京ターミナルの位置選定に役立ったのではないだろうか。

中央線複々線化を目指して
丸の内側にホーム増設を計画

東京駅のホーム増設工事は戦後になって再開され、昭和28年（1953）7月1日に第7ホーム14・15番線、9月1日に第6ホーム12・13番線（現在の22・23番線）の使用を開始した。一方、田町〜田端間の線路増設工事も昭和24年（19

49）12月に始まり、昭和31年（1956）11月19日から京浜東北線電車と山手線電車の分離運転が始まった。

田町～田端間の線増工事にめどが立った昭和30年（1955）頃、今度は中央線の線増計画が持ち上がった。当時の中央線は、御茶ノ水～中野間のみ複々線化されており、東京駅を発着する快速電車のほか、総武線から乗り入れる中野発着の電車が運転されていた。しかし、沿線の住宅開発による通勤客の急激な増加や、新宿駅での私鉄からの乗り換え客で快速電車の混雑が激しくなっていたことから、輸送力の強化が必要となったのである。

線路の増設は、複線区間の東京～御茶ノ水間と中野～三鷹間で実施されることになった。これにより東京～三鷹間は完全な複々線となり、この区間に緩行電車を設定することで、快速電車に集中していた旅客の分散を図ることになった。

このため、東京駅も中央線用のホームを増やす必要が生じ、第1ホームの丸の内側に島式1面2線の「第0ホーム」を設置することになった。

今も残る第0ホーム計画の名残

ただ、丸の内側は赤レンガの駅舎が隣接している。このため、当初は駅舎の一部を撤去してホームの設置空間を捻出することが考えられていたが、後に丸の内駅舎の老朽化を考慮し、第0ホームの設置を前提とした高層ビルに建て替える案もいくつか検討されるようになった。たとえば、地下4階、地上30階案の図面では、ビルの地上2・3階に入り込む形で第0ホームが描かれているのが確認できる。

しかし、中央線の線増計画は昭和32年（1957）11月の国鉄理事会で承認されたものの、戦前の段階で沿線の都市化が進んでいた東京〜御茶ノ水間は、線路用地の買収が困難であるという問題を抱えていた。しかもこの頃、営団地下鉄5号線（現在の東京メトロ東西線）と中央線の相互乗り入れが決まり、東京〜三鷹間の緩行電車は東西線〜中央線の直通電車で代替できることから、複々線化は中野〜三鷹間のみ実施され、東京〜御茶ノ水間の線路増設は中止された。

線路増設と第0ホームの計画自体は、その後もしばらく維持されていたようだ。たとえば、東京〜神田間で国鉄線をまたいでいる首都高速道路都心環状線は、線路増設のための空間を確保する形で橋脚が建設されたし、1980年代初頭に国鉄東京第一工事局が作成したと見られる東京駅改良計画のパンフレットにも、第0ホームを点線で描いた断面図が掲載されている。

とはいえ、丸の内駅舎の一部撤去や建て替えが計画の前提にある以上、赤レンガ駅舎の保存の動きと無関係ではいられない。結局、昭和63年（1988）には丸の内駅舎を現在地で保存する

老朽化した丸の内駅舎を高層ビルに建て替える案の断面図。中央線の線路増設を考慮し、ビルの2・3階部分に島式の第0ホームが入り込んでいる（『東工』1967年1月号より引用）

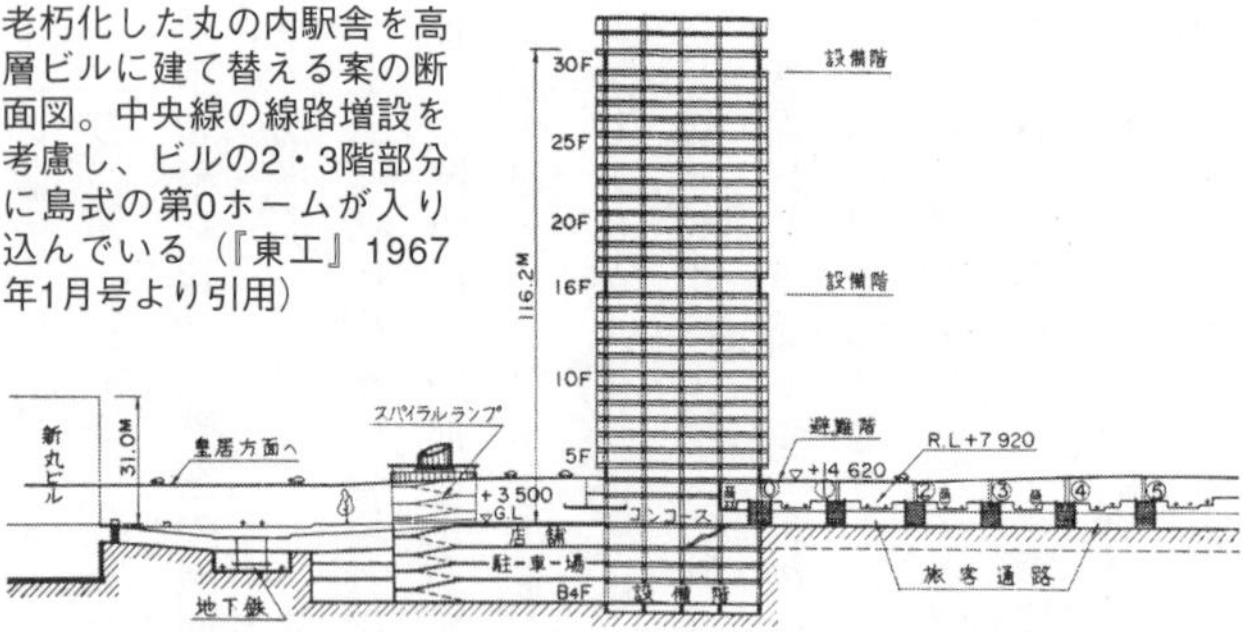

東京〜神田間のJR線をまたぐ高架橋は首都高速道路都心環状線。中央線の線増計画を考慮し、首都高速の橋脚と線路の間に線路増設用の空間が確保されている

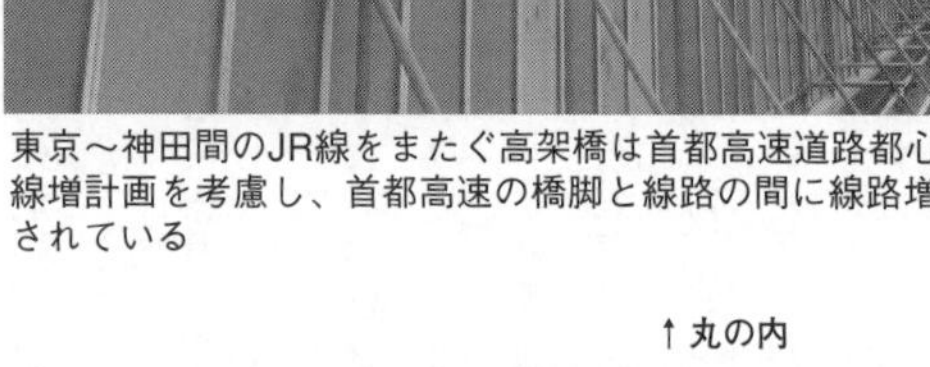

第1ホームと第0ホームの位置

第1ホームの神田側から有楽町側を望む。第0ホームの設置によるホーム幅の縮小が想定されたため、上屋柱が中央通路の階段付近から八重洲側に寄っている

方針が固まり、第0ホーム設置の可能性は完全に消滅した。

なお、第0ホームに隣接する第1ホームは、昭和32年（1957）1月から昭和36年（1961）3月にかけて、拡幅工事が実施された。この工事では、2番線と3番線（現在の5番線）の間にあった留置線を新・2番線（現在の4番線）とし、旧・2番線の敷地を使ってホームを拡幅しているが、この工事の際、神田側の上屋柱を八重洲側に寄せて整備している。これは第0ホームの想定位置が第1ホームに支障するため、ホーム幅の縮小を考慮したことによる。上屋柱は当時の配置が現在も維持されており、第0ホーム計画の名残となっている。

八重洲側には客車操車場や機関庫が設けられていた。この敷地は後にホーム増設用地として活用されたが、東海道新幹線の開業で使い切った（『東京駅々史』より引用）

東海道新幹線開業で敷地を使い切ったが――

丸の内側の第0ホームは計画だけで終わったが、八重洲側の操車場敷地を活用したホームの増設は戦前に引き続き検討と計画が進められた。先に述べた通り第6・7ホームが昭和28年（1953）に完成。そして昭和39年（1964）には、戦前の弾丸列車計画の生まれ変わりといえる東海道新幹線が開業し、やはり操車場敷地を活用した東海道新幹線用のホームが増設された。

東海道新幹線が開業した時点の東京駅ホームは、第1ホーム＝1・2番線（中央線）、第2ホーム＝3・4番線（京浜東北線北行《ほっこう》・山手線内回り）、第3ホーム＝5・6番線（山手線外回り・京浜東北線南行《なんこう》）、第4ホーム＝7・8番線（東海道線）、第5ホーム＝

9・10番線（東海道線・横須賀線）、第6ホーム＝12・13番線（東海道線）、第7ホーム＝14・15番線（東海道線）、第8ホーム＝17番線（東海道新幹線、片側のみ使用）、第9ホーム＝18・19番線（東海道新幹線）の陣容となった。このほか、ホームのない11番線と、新幹線第8ホームに隣接する16番線が、在来線車両の入れ替え用の線路（機回し線）として使用されていた。

丸の内駅舎と八重洲駅舎に挟まれた敷地はこれで完全に使い切り、東京駅のホーム増設は一段落ついたかのように思われた。しかし、新幹線の利用者が大幅に増加し、さらに全国新幹線網を構築しようという気運が高まると、「一段落」とはいかなくなってしまったのである。

新幹線の輸送力強化のため在来線ホームの転用を計画

東京〜新大阪間を4時間（昭和40年11月以降は3時間10分）で結ぶという、当時としては驚異的なスピードで運転を開始した東海道新幹線は輸送人員の増加を加速させ、東京駅のホームは早くも不足してしまう。そのため第8ホームに隣接していた機回し線の16番線を急きょ新幹線に転用することになり、昭和42年（1967）3月から使用を開始。東海道新幹線のホームは2面4線に増強された。

しかし、東海道新幹線の輸送人員はさらに増え続け、再びホームの不足が懸念されるようにな

昭和42年（1967）3月10日時点のホーム使用区分

ホーム	線路	主な使用路線	備　考
第1ホーム	1番線	中央線発着	昭和36年（1961）3月ホーム拡幅工事完成（留置線を2番線とし、初代2番線の敷地を拡幅用地に転用）
	2番線	中央線発着	
第2ホーム	3番線	京浜東北線北行	
	4番線	山手線内回り	
第3ホーム	5番線	山手線外回り	
	6番線	京浜東北線南行	
第4ホーム	7番線	東海道線到着	
	8番線	東海道線発着	
第5ホーム	9番線	東海道線発着	
	10番線	横須賀線発着	
	11番線	回送・機回し線	
第6ホーム	12番線	東海道線発着	
	13番線	東海道線出発	
第7ホーム	14番線	東海道線出発	
	15番線	東海道線出発	
第8ホーム	16番線	東海道新幹線	昭和42年（1967）3月10日使用開始（※）
	17番線	東海道新幹線	昭和39年（1964）10月1日使用開始
第9ホーム	18番線	東海道新幹線	
	19番線	東海道新幹線	

※在来線の16番線を改築

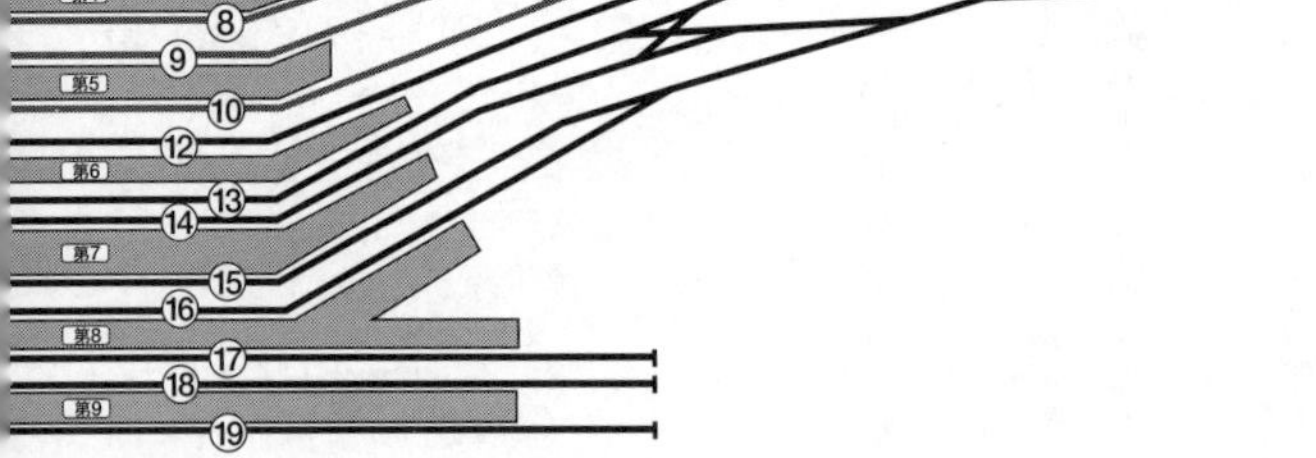

る。昭和45年（1970）の日本万国博覧会（大阪万博）開催に伴う輸送力増強は車両の増結（16両編成化）などでしのいだが、山陽新幹線の開業による利用者の増加に対応するには増発が必要で、そのためには発着番線を少なくとも1線増やす必要があった。しかも、昭和46年（1971）10月に工事実施計画が認可された東北新幹線（盛岡以南）は、東海道新幹線との直通化を考慮して東京駅にターミナルを置くことにしたため、そのためのホームも必要となったのである。とはいえ操車場の敷地は既に使い切っており、増設の余裕はない。

そこで考えられたのが、在来線ホームの新幹線への転用である。東海道新幹線への旅客の転移は予想以上に進み、東京駅を発着する在来線の特急・急行列車は減少していた。また、横須賀線の発着ホームは総武本線との直通化にあわせ、丸の内口の地下ホームに移転することが計画されており、これで地上の在来線ホームは相当の余裕ができると考えられた。つまり、発着本数に余裕のできる東海道線ホームを第4・5ホーム（7〜10番線）の2面4線に縮小し、これにより空いた第6・7ホーム（12〜15

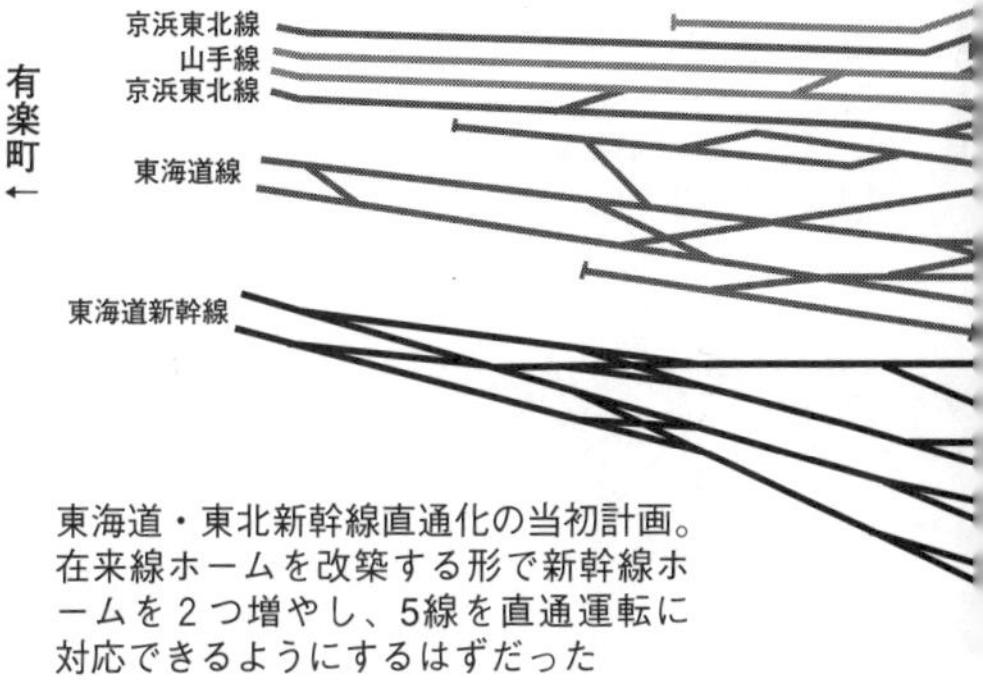

東海道・東北新幹線直通化の当初計画。在来線ホームを改築する形で新幹線ホームを2つ増やし、5線を直通運転に対応できるようにするはずだった

番線）を改築して新幹線ホームに転用することにしたのである。このうち東海道新幹線には第7ホーム15番線を割り当てて増発に対応することとし、東北新幹線には第6・7ホームの12〜14番線を割り当てることになった。

構内の配線は直通運転を考慮し、第6・7ホームの全番線を東海道・東北両新幹線の線路に接続。さらに既設の東海道新幹線第8ホームも16番線のみ東北新幹線の線路に繋げることにした。これは東西両新幹線の直通化というより、東京駅をスルーすることで停車時間を短縮し、運転間隔の縮小と輸送力の強化を狙ったためだ。東北・上越新幹線は品川車両基地、東海道・山陽新幹線は田端車両基地で折り返すことが想定された。

転用工事の余裕をつくるため在来線削減の工事を実施

第6・7ホームの転用工事は第7ホームを先行させることになり、昭和47年（1972）4月から着工した。前月に山陽新幹線が岡山まで開業しており、さらに数年後に迫っていた博多までの全線開業に伴う増発ダイヤに対応するためには、第7ホームの工事だけでも早急に推し進める必要があったためである。

しかし、直ちにホームの改築に取りかかれたわけではなかった。東海道線ホームは特急・急行列車が削減された一方で通勤通学輸送を担う普通列車が増発されており、そう簡単にはホームを減らせない。また、東海道線ホーム縮小の「決定打」となる丸の内口の地下ホームは昭和47年（1972）7月から総武本線用として供用を開始したが、この時点では地下ホームと横須賀線を繋ぐ地下線が未完成で、横須賀線の発着ホームもすぐには移転できなかったのである。

そこで国鉄は、東京駅に乗り入れている在来線列車の運転本数を少し減らし、工事期間中の発着本数を抑えてホームを閉鎖するための「余裕」を作る準備工事から始めた。まず東海道・横須賀各線は、一部の列車を品川折り返しに変更して東京〜品川間の運転本数を削減し、品川駅での折り返しには臨時列車用の第4・5ホーム（7〜10番線）を活用することにした。

一方、東北・常磐・高崎各線は上野駅で折り返していたが、特急・急行列車の一部は東京〜上野間の回送線兼引上げ線を使用して東京駅に乗り入れていた。そこで乗り入れを全面的に中止して上野駅折り返しに統一することにしたが、これでは上野駅のホームが不足してしまう。そこで回送線兼引上げ線の配線を変更して上野側の列車折返し能力を高めることになり、従来は御徒町〜上野間に13両対応の引上げ線が1区間だけだったものを、秋葉原〜上野間に15両対応の引上げ線4区間を設けることにした。

こうして準備工事は約1年間かけて行われ、昭和48年（1973）年4月に東京駅の第7ホームを閉鎖。東北方面からの定期列車の乗り入れが消滅した。

成田新幹線の建設費も投入した第7ホームの転用工事

第7ホームの閉鎖を受けて東京駅部の工事はいよいよ本格化。第7ホーム改築のほか、同ホームの前後に南部高架橋と北部高架橋を新設する工事にも着手した。

第7ホームは、実際には在来線用の旧ホームを撤去した上で新幹線用のホームを新築する形になった。これは在来線と新幹線の地上からのレールの高さが異なり（在来線が9600ミリメートル、新幹線が1万1500ミリメートル）、東海道新幹線のレール高さにあわせてホーム全体を嵩《かさ》上げする必要があったためである。

南部高架橋は第6・7ホームと東海道新幹線の線路を繋ぐ約160メートルの高架橋で、ホームの南端から鍛冶橋《かじばし》通り（旧都庁、現在の東京国際フォーラム付近）まで延びる。また、北部高架橋は第6〜8ホームと東北新幹線の線路を繋ぐ約200メートルの高架橋で、いずれも第7ホームにつながる部分のみ第1期工事として着工している。

南北両高架橋のうち興味深いのは南部高架橋で、桁下の空間には成田新幹線の連絡通路や運転所、車掌所を置くことが計画されていた。成田新幹線は東京側のターミナルを鍛冶橋通りの地下に置くことになっており、鍛冶橋通りの近くまで延びる南部高架橋は、連絡通路などを整備する上で格好の導入空間となったのである。

なお、第6・7ホームの転用工事は名目上は東北新幹線ホームの設置とされ、建設費も東北新幹線の予算から拠出されているが、南部高架橋は先に述べた事情から成田新幹線の建設費も投入された。このため記録上は東京駅で成田新幹線の工事が実施されたことになっているが、実際には地下ホームの掘削工事に着手できないまま昭和58年（1983）に工事が凍結されている。その後、この場所には成田新幹線に代わって京葉線の地下ホームが建設され、南部高架橋の桁下に構築された空間も京葉線の連絡通路などに転用されている。

新幹線の安定輸送を考慮し直通化の設備は大幅に縮小

第7ホームの工事は若干遅れたものの、山陽新幹線の全線開業から4カ月後の昭和50年（1975）7月に新幹線用の第7ホームと15番線が完成。これにより東海道新幹線ホームは3面5線となった。

しかしこの頃、東海道新幹線と東北新幹線では東京駅地上ホームの「その後」を決定づける、重大な転機が訪れようとしていた。

東海道新幹線は昭和48年（1973）から昭和50年（1975）にかけて、レールや架線などのトラブルによる列車の遅れや運休が多発していた。その一方、東北新幹線は石油ショックや国鉄の経営悪化で工事の遅れが目立ち、東京～大宮間に至っては沿線住民の建設反対運動も重なり、工事にほとんど着手できない状態であった。また、東北新幹線の当初計画では東京～大宮間に途中駅設置の予定はなかったが、東北方面のターミナルとして発展してきた上野駅の周辺住民などが、新幹線駅の追加設置を求める運動を起こしていた。

このため国鉄は、輸送障害発生時の混乱を最小限に抑えるための対策として、東京駅の東海道新幹線ホームを増強することにした。具体的には、第7ホーム14番線を東海道新幹線に回して3面6線に増強し、輸送障害発生時の回復作業を迅速に進めることにしたのである。

しかしこの場合、東北新幹線ホームは第6ホーム（12・13番線）の1面2線だけとなり、発着ホームが不足してしまう。そこで、地元の要望を受け入れる形で新幹線上野駅を設置し、東京駅でのホーム不足分を補うことにした。

そして最大の計画変更となったのが、東海道・東北両新幹線の直通設備の縮小である。両新幹線で直通運転を行った場合、遅れや運休の影響が広範囲に及ぶことになり、場合によっては東北の盛岡で発生したダイヤの乱れが、九州の博多まで及ぶことになりかねない。そのため団体臨時列車などによる直通運転の可能性は残しつつ、基本的には東京駅で列車の運転を分けることになり、東京駅で両新幹線を繋ぐ線路も14番線だけに絞られることになった。

東海道新幹線ホームの3面6線化と東北新幹線ホームの1面2線化などを盛り込んだ計画変更は、昭和52年（1977）11月に国鉄理事会で承認され、翌12月には工事実施計画の変更が認可。これを受けて14番線の転用工事が始まり、昭和54年（1979）12月から供用を開始した。その後、旧構造物の撤去に伴う16番線の一時使用停止などを経て、昭和55年（1980）10月には東海道新幹線ホームの3面6線化が完成。これと同時に横須賀線の丸の内口地下ホームへの移転も実施され、転用工事は最終局面となる第6ホームの改築に移っていく。

東北新幹線は大宮以南の工事の遅れが響き、昭和57年（1982）6月に大宮～盛岡間のみ開業。昭和60年（1985）3月には上野～大宮間が開業して都心部への乗り入れを果たすが、残る東京～上野間の工事は国鉄の経営悪化に伴う緊急措置として昭和58年（1983）に凍結された。このため第6ホームの転用工事も構内配線の変更が一部実施されただけで、本格着工できない日々が続いた。

工事が再開されたのは国鉄分割民営化後の昭和62年（1987）12月で、翌昭和63年（1988）3月には第6ホームを閉鎖して旧ホームの撤去と新ホームの建設が始まった。この新ホームは旧ホームより幅を広く取ることになったため（旧・第6ホームが1万2375ミリメートルであるのに対し、新・第6ホームは1万4215ミリメートル）、隣接する機回し線（11番線）も撤去して新ホームの設置スペースを捻出している。

用地買収の難航やトンネル掘削中の陥没事故などによって遅れたものの、平成3年（1991）6月20日には東京〜上野間がようやく開業。同時に第6ホームも東北新幹線ホームとして使用を開始し、約20年に及んだ転用工事はこうして終了したのであった。ただし、昭和52年（1977）の計画変更時に設定された、第7ホーム14番線と東北新幹線を繋ぐ線路は建設されなかった。

バブルと国鉄分割の影響で新幹線の直通運転は断念へ

昭和62年（1987）4月1日の国鉄分割民営化で、東北新幹線はJR東日本、東海道新幹線はJR東海に運営会社が分かれたため、両新幹線の直通化にあたっては2社間で協議が行われた。JR東日本は当初、14番線の直通化に積極的な態度を取り、「14番線だけは、たとえば仙台〜大阪直通の新幹線列車を走らせることができるよう、線路を繋ぐべきだ」「直通列車はすぐ無理でも、東北・上越の一部をこのホームに止めれば、同じホームで、すぐ向かいの東海道に乗り込めるから直通とほぼ同じ便利さが生まれる」などと主張していたといわれる（昭和63年8月22日付朝日

有楽町側で線路が途切れている東北・上越新幹線の21（右）～23（左）番線。当初計画では22・23番線（旧12・13番線）が、左手に見える東海道新幹線に繋がる予定だった

新聞朝刊）。

しかし、これに対してJR東海は直通運転や14番線の共同使用に消極的な態度を取った。当時の東海道新幹線はバブル景気の影響で輸送人員が伸び続けており、本来はダイヤの乱れを吸収するための「余力」として確保された14番線も、その後の列車の増発で余裕のない状態になっていた。さらに、東北新幹線と東海道新幹線では使用電力の周波数が異なるため既存の車両では乗り入れできず（東海道新幹線＝60ヘルツ、東北新幹線＝50ヘルツ）、直通用の車両を新たに用意しなければならないという事情も消極的な態度を強める結果となったのである。

結局、14番線は東北新幹線の東京開業時点では結論が先送りされたが、最終的にはJR東日本も直通需要が少ないと判断し、直通運転は断念された。こ

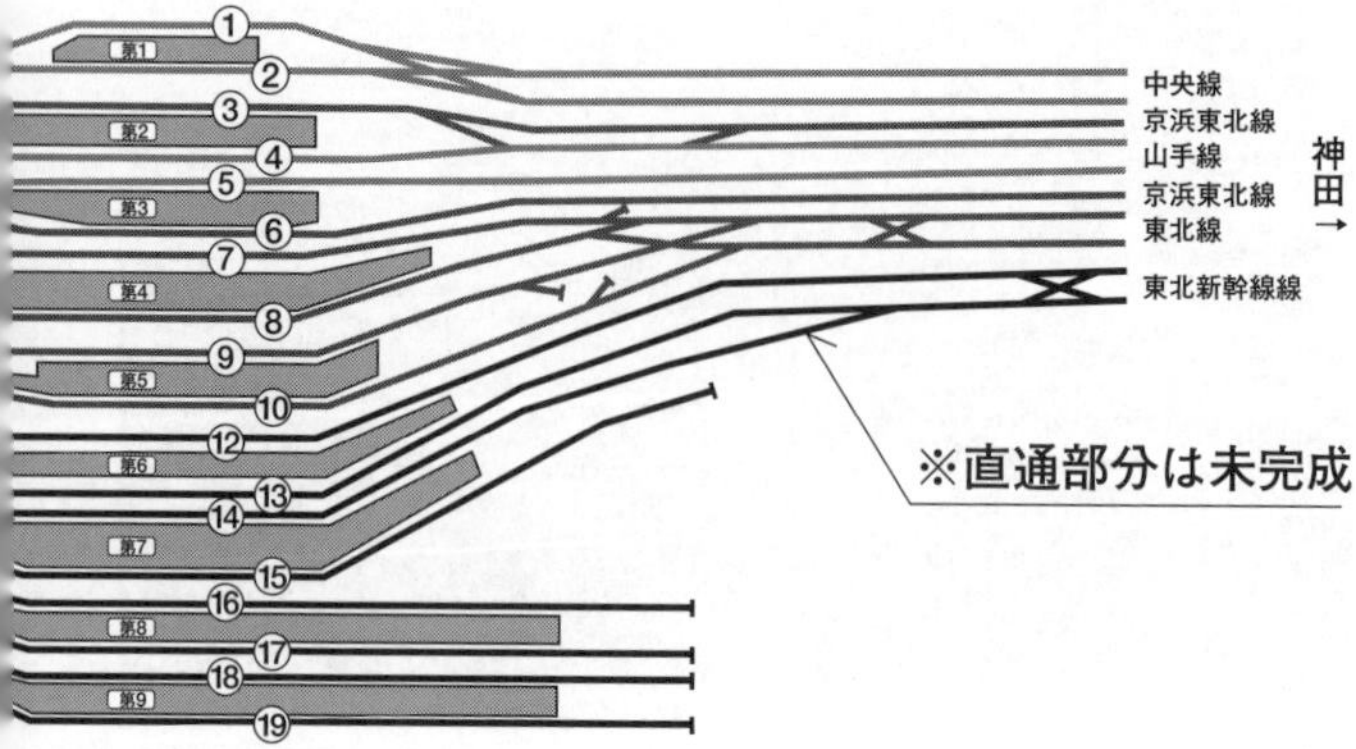

うして両新幹線の分断は確定的なものとなり、14番線も東北新幹線から切り離されるが、これが結果的には、東京駅史上最大規模となる改良工事を生み出すきっかけとなってしまうのである。

14番線「移籍」のツケをホームの重層化で解消へ

東北新幹線東京〜上野間の工事が再開された頃、永らく着工が凍結されていた整備新幹線もついに動き出し、まず平成元年（1989）8月に北陸新幹線高崎〜軽井沢間が着工。平成3年（1991）9月からは軽井沢〜長野間の工事も始まった。これが完成すると、東京駅の東北新幹線ホームには東北・上越・北陸3系統の新幹線列車が乗り入れることになる。補助ターミナルとしての上野駅を活用するにしても、東京駅が1面2線しか使えないというのはダイヤ編成上かなり厳しい。14番線を東

■変更後の計画(直通1線)

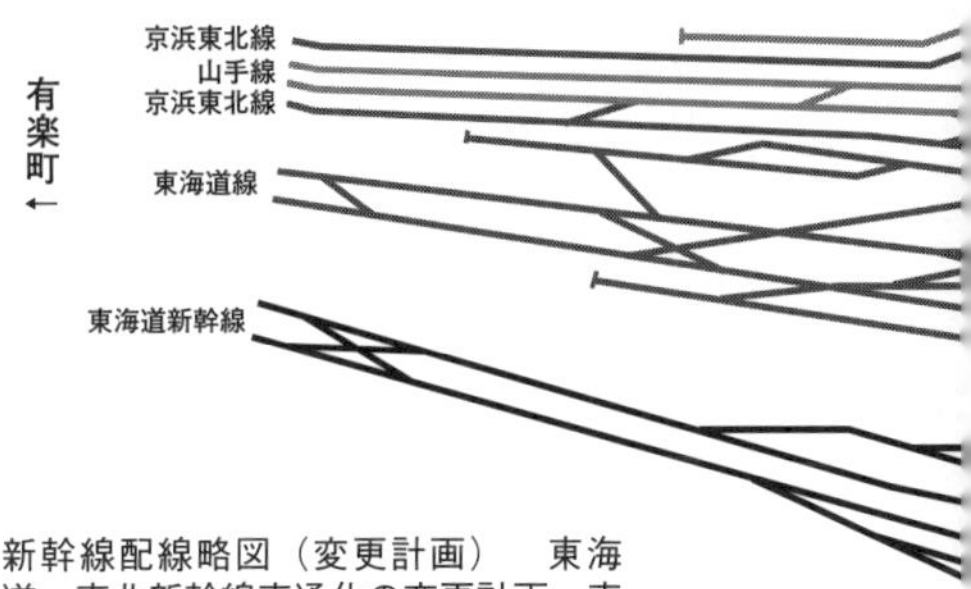

新幹線配線略図（変更計画）　東海道・東北新幹線直通化の変更計画。直通に対応した線路は1線だけになった

海道新幹線に「移籍」させたツケが、ここにきてついに回ってきたのである。

いずれにしても、ホームを増やす以外に方法はない。第6・7ホームと同じ手法を採用するなら第5ホームの転用ということになるが、これでは東海道線ホームを1面2線に縮小することになる。2面3線ならまだしも、東海道線を1面2線でさばくのはさすがに難しい。となると、単純にホームを増設するしかないが、駅構内の敷地は30年も前に使い切ってしまっている。

しかし、丸の内駅舎の裏側には、かつて第0ホームの設置スペースの一部となるはずだった業務機械などが置かれているスペースがあった。1面2線のホームを設置できるほどの広さはないが、支柱を立てるくらいの余裕は十分ある。そこでJR東日本は、このスペースと第1ホームに支柱を設置し、第1ホームの上方空間に1面2線の高架ホーム（第01ホーム）を建設。ここに1・2番線（中央線）を移転し、空いた第1ホームには第2ホームを使用している3・4番線（京浜東北線北行・

山手線内回り）を移転。さらに第2ホームに5・6番線（山手線外回り・京浜東北線南行）、第3ホームに7・8番線（東海道線）、第4ホームに9・10番線（東海道線）とスライドさせる形で順番に移転し、最終的に空くことになる第5ホームを新幹線に転用することにした。

北陸新幹線の開業まで3年、同時施行で工事期間を圧縮

この工事は「中央線重層化工事」と「北陸新幹線東京駅改良工事」の二つに分けて計画され、まず重層化工事が平成4年（1992）に着工。平成6年（1994）頃から工事が本格化していった。

しかし、この時点で北陸新幹線の開業が3年後に迫っており、先に述べた順番通りに工事を進めていたのでは間に合わない。そこで、在来線ホームの移転とあわせて第5ホームの転用工事も同時に進め、工期を圧縮することが考えられた。

工程は3段階に分けられ、第1ステップでは中央線重層化と東海道線ホームの一時縮小が同時に実施された。丸の内駅舎から第1ホームにかけての上方空間には鋼製の高架ホームを構築し、東海道線ホームは第4ホームの幅を4メートルほど縮小するとともに、第5ホームの丸の内側に1面1線の仮設第5ホームを設置。これにより10番線は平成6年（1994）12月3日に閉鎖さ

東海道新幹線14・15番線の神田側は、東北新幹線の線路を目前にして線路が途切れている。変更後の計画では14番線のみ東北新幹線に繋がる予定だったが、これも実現しないまま今日に至っている

れて東海道線ホームは2面3線となり、新幹線ホームの建設スペースが生み出された。

第2ステップからは在来線ホームの移転が始まり、平成7年（1995）7月に中央線の1・2番線が高架の第01ホームへ移転。続いて10月から12月末にかけて山手・京浜東北線の3〜6番線を第1・2ホームに移設した。その次は7・8番線（東海道線）の第3ホームへの移転だが、このホームのレール高さは東海道線より約1200ミリメートル低いため、かさ上げ工事を実施した上で7・8番線を移転している。これと同時に第5ホームの新幹線転用工事も進められ、仮設第5ホームが設置されている部分を除いて構造物が構築されていった。

最後の第3ステップでは、第4ホームの幅を元に戻した上で9・10番線を移転し、平成9年（1997）7月までに東海道線ホーム2面4線の復旧が完了。同時に仮設第5ホームの撤去と第5ホームの改築が一気に進められた。そして平成9年（1997）10月1日の北陸新幹線高崎〜

カーブを描く第7ホーム15番線（左）と、直進してビルに突き当たる第8ホーム16番線（右）。当初は16番線も15番線に沿って東北・上越新幹線の線路に接続し、第8ホームの形状をY字形に改築する計画だった

長野間（長野新幹線）の開業にあわせ、第5ホームの供用が開始された。

なお、第5ホームの線路番号は、丸の内側からの順番でいけば11・12番線を割り当てたいところだが、これでは第6ホームの12番線と重複する。かといって第6ホームも含めて線路番号を11〜14番線に変更すると、今度は東海道新幹線で使われている第7ホーム14番線と重複し、JR東海との協議が必要になってしまう。結局、JR東日本は当時の最大番号となっていた19番線の続番として第5ホームに20・21番線を割り当て、第6ホームの12・13番線はそれぞれ22・23番線に改称している。新幹線の

建設に伴う東京駅の改良工事は、最後の最後まで14番線に振り回される結果となってしまった。

東京駅の工事の「つち音」が消える日

東京駅は、工事のつち音が途切れたことはほとんどなかった。大規模な工事に限ってみても、

ここで述べたホームの増改築だけでなく駅舎の新築や改築、通路の新増設に至るまでさまざまな工事が行われている。しかし、プラットホームの大がかりな増改築は、北陸新幹線関連の改良工事を最後に15年ほど途絶えており、こと輸送に直接関係する施設に関していえば、ある種の「安定期」に入ったといえるだろう。

平成26年度（２０１４）末には、宇都宮・高崎・常磐線を東京駅に乗り入れさせるための東北縦貫線（上野東京ライン）が開業する予定だが、ホームは増設されない。東海道線ホームに入り、そのまま東海道線に乗り入れるためである。また、東京と大阪を結ぶ中央新幹線の東京側ターミナルも品川駅の地下に建設されることになったため、直接的には東京駅で大規模な改築工事が行われることはないだろう。

丸の内側の赤レンガ駅舎を戦前の姿に復元する工事や八重洲側の新駅ビル建設工事もほぼ完了し、現在の東京駅では小規模な工事が行われているだけにとどまっている。将来的には老朽化した施設を維持するための修繕工事が行われることになるかもしれないが、当面は大規模な工事の予定がない。長らく続いてきた東京駅の「つち音」が、いったん途切れる日が来るかもしれない。

平成3年（1991）6月20日時点のホーム使用区分

ホーム	線路	主な使用路線	備　考
第1ホーム	1番線	中央線発着	
	2番線	中央線発着	
第2ホーム	3番線	京浜東北線北行	
	4番線	山手線内回り	
第3ホーム	5番線	山手線外回り	
	6番線	京浜東北線南行	
第4ホーム	7番線	東海道線発着	
	8番線	東海道線発着	
第5ホーム	9番線	東海道線発着	
	10番線	東海道線発着	
第6ホーム	12番線	東北・上越新幹線	平成3年（1991）6月20日使用開始（※1）
	13番線	東北・上越新幹線	
第7ホーム	14番線	東海道・山陽新幹線	昭和54年（1979）12月11日使用開始（※2）
	15番線	東海道・山陽新幹線	昭和50年（1975）7月18日使用開始（※2）
第8ホーム	16番線	東海道・山陽新幹線	
	17番線	東海道・山陽新幹線	
第9ホーム	18番線	東海道・山陽新幹線	
	19番線	東海道・山陽新幹線	
（総武地下）第1ホーム	1番線	横須賀・総武線発着	昭和47年（1972）7月15日使用開始
	2番線	横須賀・総武線発着	
（総武地下）第2ホーム	3番線	横須賀・総武線発着	
	4番線	横須賀・総武線発着	
（京葉地下）第1ホーム	1番線	京葉線発着	平成2年（1990）3月10日使用開始
	2番線	京葉線発着	
（京葉地下）第2ホーム	3番線	京葉線発着	
	4番線	京葉線発着	

※1 在来線の11番線と第6ホーム12・13番線を改築。
※2 在来線の第7ホーム14・15番線を改築。

現在のホーム使用区分

ホーム	線路	主な使用路線	備　考
(中央高架)第01ホーム	1番線	中央線発着	平成7年（1995）7月2日使用開始（1・2番線は第1ホームからの移設）
	2番線	中央線発着	
第1ホーム	3番線	京浜東北線北行	平成7年（1995）10月29日〜平成9年（1997）9月7日 線路切り換え・改築工事実施 3・4番線：第2ホーム→第1ホーム 5・6番線：第3ホーム→第2ホーム 7・8番線：第4ホーム→第3ホーム 9・10番線：第5ホーム→第4ホーム
	4番線	山手線内回り	
第2ホーム	5番線	山手線外回り	
	6番線	京浜東北線南行	
第3ホーム	7番線	東海道線発着	
	8番線	東海道線発着	
第4ホーム	9番線	東海道線発着	
	10番線	東海道線発着	
第5ホーム	20番線	東北・山形・秋田・上越・長野新幹線	平成9年（1997）10月1日使用開始（※）
	21番線	東北・山形・秋田・上越・長野新幹線	
第6ホーム	22番線	東北・山形・秋田・上越・長野新幹線	平成9年（1997）10月1日番号変更（12番線→22番線）
	23番線	東北・山形・秋田・上越・長野新幹線	平成9年（1997）10月1日番号変更（13番線→23番線）
第7ホーム	14番線	東海道・山陽新幹線	
	15番線	東海道・山陽新幹線	
第8ホーム	16番線	東海道・山陽新幹線	
	17番線	東海道・山陽新幹線	
第9ホーム	18番線	東海道・山陽新幹線	
	19番線	東海道・山陽新幹線	
(総武地下)第1ホーム	1番線	横須賀・総武線発着	
	2番線	横須賀・総武線発着	
(総武地下)第2ホーム	3番線	横須賀・総武線発着	
	4番線	横須賀・総武線発着	
(京葉地下)第1ホーム	1番線	京葉線発着	
	2番線	京葉線発着	
(京葉地下)第2ホーム	3番線	京葉線発着	
	4番線	京葉線発着	

※在来線の第5ホーム旧9・10番線を改築。

おわりに

その時々の社会情勢などに応じ、計画を変更した鉄道路線や鉄道駅を紹介させていただいた。

工事開始後の計画変更、あるいは開業後に高速化などの改良事業を行った事情はさまざまだ。利用者が増え続けて事業が拡大していった路線がある一方、逆に利用者が当初の想定より見込めないことが判明して計画を縮小した路線もある。それはまるで、世の中の変化について行こうと必死になって、もがき続ける人々の姿、いや、自分自身の姿と重なる気がする。

私自身、見込みの甘さから計画を変更することはしょっちゅうで、計画そのものを中止することも多い。拡大方向に変更するならまだしも、縮小の方向で変更したり中止したりすれば、ちゃらんぽらんな私でも落ち込むことがある。

そんなとき、「鉄道だって、途中で計画を変更したり中止したりすることがあるのだから……」などと、自分で自分を慰めている。

ただ、近年の鉄道計画の経緯を見てみると、途中で大幅な変更が行われた計画はほとんどない。戦争や高度経済成長、石油ショックなど、変更のきっかけになる大きな「ターニングポイント」

が減ったせいもあるだろう。

そもそも、鉄道新線の建設といった大型プロジェクト自体、大幅に減った。平成24年（2012）は新線の開業が全くなかったが、これは明治14年（1881）以来、131年ぶりのこと。翌平成25年（2013）も新線の開業がなく、2年連続の「新線開業ゼロ」は日本の鉄道史上、初めてのことになった。

大型プロジェクト自体が減少している以上、計画変更の複雑な経緯を調べる機会も減ることになる。「鉄道ネタ」で生計を立てている身としては、仕事が減るのではないかと戦々恐々だ。そう遠くない将来、自分自身の人生設計に大きな変更を加えなければならない日が来るかもしれない。

本書は、私が『鉄道ファン』（交友社）と『週刊鉄道データファイル』（デアゴスティーニ・ジャパン）で発表してきた記事を基本とし、発表後の状況の変化も含め大幅に修正した。元の記事で専門用語を説明なしに使っていた場合は可能な限り説明を加えたつもりだが、不十分だったかもしれない。内容についてお気づきの点などあれば、ご指摘をいただけると幸いである。

平成26年2月　草町義和

主要参考文献

『「東工」90年のあゆみ』日本国有鉄道東京第一工事局
『営団地下鉄五十年史』帝都高速度交通営団
『横浜市高速鉄道建設史』横浜市交通局
『横浜市高速鉄道建設史２』横浜市交通局高速鉄道建設部計画課
『県営鉄道千葉ニュータウン線』千葉県
『戸田市史 通史編 下巻』戸田市
『港北ニュータウン 四半世紀の都市づくりの記録』住宅・都市整備公団港北開発局
『港北ニュータウン基本計画』横浜市
『港北ニュータウン交通計画　1971-1972』日本都市計画学会
『埼玉県行政史 第四巻』埼玉県
『昭和51年度主要施策概要―県営鉄道北千葉線―』千葉県
『情報発第３号：大宮―池袋間地下鉄新設計画について』埼玉県
『新幹線建設について（県南版）』日本国有鉄道東京第三工事局
『新幹線建設について（都内版）』日本国有鉄道東京第三工事局
『新玉川線建設史』東京急行電鉄
『千葉ニュータウン25周年記念誌』千葉ニュータウン25周年記念事業実行委員会
『千葉ニュータウン事業のあゆみ』千葉県企業庁
『千葉ニュータウン鉄道基本計画調査報告書』千葉県
『鉄道未成線を歩く（国鉄編）』森口誠之
『鉄道未成線を歩く（私鉄編）』森口誠之
『都市高速鉄道誘致促進の歩み』県南都市鉄道誘致促進期成同盟会
『東京駅々史』日本国有鉄道東京南鉄道管理局東京駅
『東京急行電鉄50年史』東京急行電鉄
『東京都交通局80年史』東京都交通局
『東北新幹線工事誌 上野・大宮間』日本国有鉄道
『東北新幹線工事誌 東京・上野間』東日本旅客鉄道東京工事事務所
『日本国有鉄道百年史』日本国有鉄道
『日本鉄道建設公団三十年史』日本鉄道建設公団
『日本鉄道建設公団十年史』日本鉄道建設公団
『変わりつつある東京駅』日本国有鉄道東京第一工事局（パンフレット）
『北越北線工事誌』日本鉄道建設公団
『北陸新幹線工事誌　東京乗入れ工事』東日本旅客鉄道東京工事事務所

（※定期刊行物）
『国有鉄道』交通協力会
『鉄道ピクトリアル』電気車研究会
『鉄道ファン』交友社
『鉄道土木』日本鉄道施設協会
『土木技術』土木技術社
『東工』日本国有鉄道東京第一工事局

初出※いずれも大幅に加筆修正している

第一章　東京〜大宮間　鉄道計画の変転『鉄道ファン』2010年４月号
第二章　港北ニュータウンを目指した都営三田線『鉄道ファン』2010年１月号
第三章　複雑怪奇な千葉ニュータウンの鉄道計画の変転『鉄道ファン』2010年５月号
第四章　地下鉄銀座線に乗り入れるはずだった田園都市線『鉄道データファイル』256号
第五章　機種の変更で建設費を減らしたはずの都営大江戸線『鉄道データファイル』270号
第六章　ローカル線から在来線最速幹線に変更された北越急行ほくほく線『鉄道データファイル』174号
第七章　「新幹線ではない新幹線」に生まれ変わった奥羽本線『鉄道データファイル』170号
第八章　ローカル線を「改造」した準高速鉄道の湖西線『鉄道データファイル』202号
第九章　ホームの増設と計画変更をひたすら繰り返した東京駅『鉄道ファン』2012年12月号

草町義和（くさまちよしかず）
鉄道趣味誌の編集やホームページ製作業を経て、2003年から鉄道ライターとして活動を開始。『鉄道ファン』（交友社）、『鉄道データファイル』（デアゴズティーニ・ジャパン）、『鉄道ダイヤ情報』(交通新聞社)などに寄稿。主な研究分野は廃線跡や未成線跡、鉄道新線の建設や路線計画など。

交通新聞社新書064
鉄道計画は変わる。
路線の「変転」が時代を語る
（定価はカバーに表示してあります）

2014年2月15日　第1刷発行

著　者――草町義和
発行人――江頭　誠
発行所――株式会社　交通新聞社
http://www.kotsu.co.jp/
〒102-0083　東京都千代田区麹町6-6
電話　東京（03）5216-3917（編集部）
東京（03）5216-3217（販売部）

印刷・製本―大日本印刷株式会社

ISBN 978-4-330-43814-6

交通新聞社新書　好評既刊